百年前のパンデミックと皇室

The 1918 flu pandemic and
The Japanese Imperial Family

小田部雄次

敬文舎

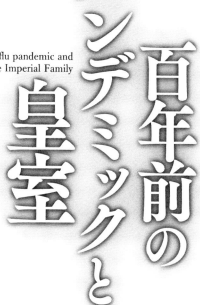

装丁・デザイン　竹歳　明弘
地図・図版作成　蓬生　雄司
編集協力　阿部いづみ
協力　富田三紗子

写真協力
大磯町郷土資料館

写真出典
・杉謙二編『華族画報』至誠社　1916年
・神田豊穂『皇室皇族聖鑑』全3巻　皇室皇族聖鑑刊行会　1933年
・大久保利謙監修『日本の肖像』第8巻　毎日新聞社　1989年
・同　第11巻　毎日新聞社　1991年
・永積寅彦『昭和天皇と私』学習研究社　1992年
・桜田久『日本海軍地中海遠征秘録』産経新聞ニュースサービス　1997年
・李太王伝記刊行会編『英親王李垠伝』共栄書房　2001年

ない九月一九日段階で、世界で九五万五二〇人、日本で一五〇二一人であり、死者数だけ比較してもかなりの犠牲者を生んだパンデミックであったことがわかる。

にもかかわらず、スペイン風邪についての研究は少ない。速水融《はやみあきら》の『大正デモグラフィ』（小嶋美代子と共著）と『日本を襲ったスペイン風邪』が、現段階での主要な研究といえる。当時の内務省がまとめた『流行性感冒』も貴重な記録である。

従来、日本近代史の通史では、この時期の重要な歴史のテーマは一九一四年七月から一八年一一月までの第一次世界大戦、一八年の米騒動やシベリア出兵などであった。研究論文の多くも、これらのテーマと関連した内容のものが多く、研究者たちもこれらにかかわる資料を調査しつづけてきた。こうした歴史のテーマは、多くは政治・外交・軍事・経済中心の歴史意識によるものであり、このためパンデミックというジャンルをうまく組み込めないできたように思われる。

私自身、かつて『梨本宮伊都子妃の日記』（小学館）をまとめたとき、伊都子《いつこ》の七七年におよぶ日記と手記を読みながら、スペイン風邪について言及することはなかった。『梨本宮伊都子妃の日記』は、明治・大正・昭和の三代の天皇の時代を華族令嬢・皇族妃・一般市民という立場を変えて生きてきた伊都子という女性の一生を、彼女の日記を中心にして描いたものである。スペイン風邪の時代に、伊都子が喪服を着ることが多いことには気づいたが、それは明治天皇崩御から大正天皇崩御までの一五年間に上流階級の人びとが多く亡くなっていたためであった。かならずしもすべてがスペイン風邪による死亡者であったわけではない。日記からは死亡原因がわからない事例も多く、あえてスペイン風邪の犠牲者を分けて論ずる必要は感じなかった。スペイン風邪への関心が、『梨本宮伊都子妃の日記』執筆当時の社会全体に、それほどあったわけでもなかった。

このスペイン風邪の時期の皇室に関する一般的な研究も、二一年の皇太子の渡欧と皇太子妃の色覚問題などに関心が集まっており、これらに関する多くの文献や論文が書かれてきた。このため、皇室がスペイン風邪にどうかかわったかについて言及されることはなかった。

皇族の竹田宮恒久《たけだのみやつねひさ》がスペイン風邪で亡くなったこと、のちに秩父宮となる雍仁《やすひと》が軍学校在籍時代に感染したことなどが、その伝記に紹介されていた程度である。近年になって、皇太子裕仁《ひろひと》（のちの昭和天皇）も感染していたと、『昭和天皇実録』のなかに記された。また、先の速水『大正デモグラフィ』で、皇子の流行性感冒快癒の新聞記事が紹介されたのが、数少ない研究書での言及と思う。

なお、速水の紹介する記事は、スペイン風邪が流行する前の一九一八年一月二七日付『読売新聞』で、「両皇子御快癒　流行性感冒流行の節　尚ほ御静養遊ばさる」として、雍仁《やすひと》（のちの秩父宮）と宣仁《のぶひと》（のちの高松宮）が「軽微なる御風気《ごふうき》」にて休学中だったが快癒した、しかし「流行性感冒の折なれば、尚御殿内にて充分御静養」という内容であった。ただし、雍仁がスペイン風邪に感染したと正式に診断されたのは、後述するように、一九二〇年一月のことである。

書をしたためる伊都子　幼少のころから中島歌子や千葉胤明らに書や和歌を学んでいた伊都子は、77 年におよぶ日記のほか、和歌や旅行記なども書き残している。

皇室とスペイン風邪とのかかわりがなぜ重要かといえば、現在、「国民とともに歩む」ことを信条としてきた象徴天皇が、コロナの拡大で、どこへも外出ができず、宮殿で行う天皇としての公務は別として、公的行為とされる行幸や、被災地見舞いなど、外出をともなう活動が停止されたままだからである。即位二年目にして、天皇は宮殿内に閉じ込められた状態になっている。今後、象徴天皇制はどうなっていくのだろうか。

この問いに対するひとつの鍵は、かつてのスペイン風邪の時代の皇室の対応のあり方にあると思う。

もちろん、スペイン風邪と今回の新型コロナとは医学的に同じとはいえない。そもそもスペイン風邪当時の皇室には、天皇をふくめ皇族が七五人いた。現在は一八人である。その総数の差を考えただけでも、感染への警戒心はかなり違うだろう。

また、「雲上人」と称された百年前の皇室と、「大衆天皇制」とも呼ばれる現在の皇室を同一視はできない。しかしながら、百年前のスペイン風邪当時の皇室の状況そのものが知られておらず、まずは、現在の皇室問題を考える一助として、明らかにしておく必要もあるだろう。

そのため、私はスペイン風邪当時の梨本宮伊都子の日記を読みなおした。予想どおり、流行の一九一八年から二一年の四年間の日記には、伊都子の血縁である鍋島家や、夫である梨本宮守正《もりまさ》の血縁である人びとの死亡記事が数多くつづられていた。もちろん、その時期の死亡記事がすべてスペイン風邪によるものではない。スペイン風邪と判断できる記事をいくつか紹介し、関連資料で補足しながら、当時の宮中周辺がスペイン風邪にどう対応したのかをまとめてみた。

伊都子の日記のほか、『大正天皇実録』『昭和天皇実録』『貞明《ていめい》皇后実録』『雍仁親王実紀』などが大いに役立った。また、『倉富勇三郎《くらとみゆうざぶろう》日記』にも竹田宮をはじめとする宮家や、宮内官僚周辺の動きがくわしく記されていた。伊都子の実家の鍋島家や、婚家の梨本宮家の別邸があった神奈川県大磯町の記録には、スペイン風邪流行当時の別荘地の人びとの対応が詳細に記されていた。本書は、伊都子の日記のみならず、これらの複数の関連記録をもとにして構成した。

なお、当時は「スペイン・インフルエンザ」がウイルスによる世界的なパンデミックであるという科学的解明が十分になされてはいなかった。病原体も治療法も確定できないまま、「流行性感冒」「悪性感冒」「インフルエンザ」「スペイン風邪」など多様な呼称が用いられた。そうした当時の認識に合わせて、本書ではおもに「流行性感冒」「スペイン風邪」の称を用いた。また、天皇や皇族にかかわる敬称をはじめ、王・親王などの称は、原則として略した。そして、日記などの資料には、読みやすさを重視して、適宜、句読点、濁点を加えた。

一九一九年当時の宮家（太字は当主と妃）

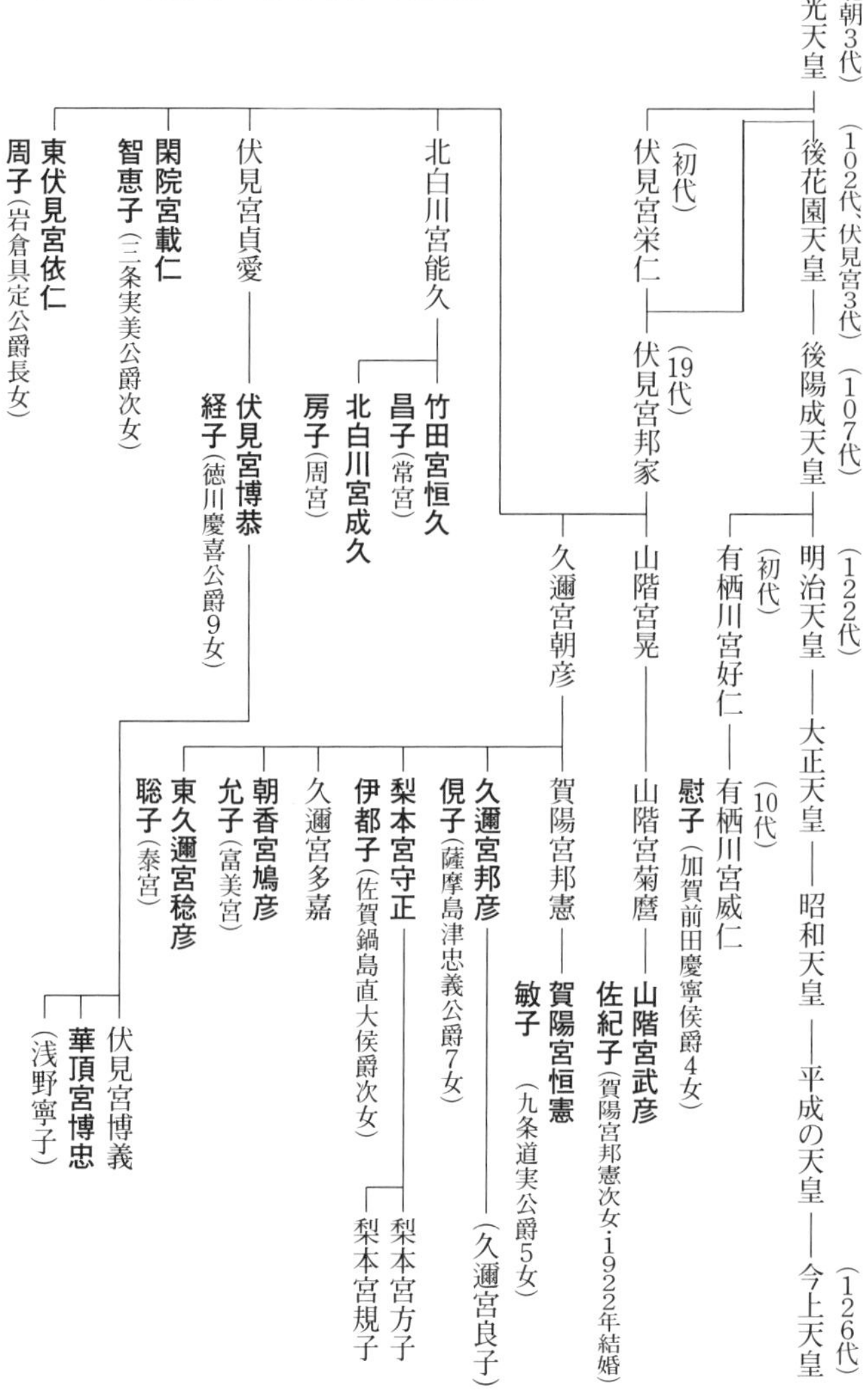

（北朝3代）崇光天皇
（102代、伏見宮3代）後花園天皇
（107代）後陽成天皇
（122代）明治天皇
大正天皇
昭和天皇
平成の天皇
（126代）今上天皇
（初代）伏見宮栄仁
（19代）伏見宮邦家
（初代）有栖川宮好仁
（10代）有栖川宮威仁
慰子（加賀前田慶寧侯爵4女）
山階宮晃
山階宮菊麿
山階宮武彦
佐紀子（賀陽宮邦憲次女・1922年結婚）
久邇宮朝彦
賀陽宮邦憲
賀陽宮恒憲
敏子（九条道実公爵5女）
久邇宮邦彦
俔子（薩摩島津忠義公爵7女）
（久邇宮良子）
梨本宮守正
伊都子（佐賀鍋島直大侯爵次女）
梨本宮方子
梨本宮規子
久邇宮多嘉
朝香宮鳩彦
允子（富美宮）
東久邇宮稔彦
聡子（泰宮）
北白川宮能久
竹田宮恒久
昌子（常宮）
北白川宮成久
房子（周宮）
伏見宮貞愛
伏見宮博恭
経子（徳川慶喜公爵9女）
伏見宮博義
華頂宮博忠
（浅野寧子）
閑院宮載仁
智恵子（三条実美公爵次女）
東伏見宮依仁
周子（岩倉具定公爵長女）

第一章——悪性感冒の流行

スペイン風邪の時代

浅野寧子の急逝

一九一九年（大正八）一月一七日、安芸広島の浅野《あさの》長勲《ながこと》侯爵の孫長武《ながたけ》に嫁いでいた浅野寧子《やすこ》が二一歳の若さで急逝した。この日の伊都子《いつこ》の日記にはこうある。

浅野若夫人恭子の方、流行性感冒のため御逝去相成たるに付、両人にて午後、華頂宮《かちょうのみや》、伏《ふし》見宮《みのみや》等へ御見舞に行。
右に付宴会御やめ。

急逝した浅野寧子は伏見宮（はじめ華頂宮）博恭《ひろやす》の長女で、父の「恭」の字を受けて恭子《やすこ》と名乗ったが、夫・長武の母が恭子《きょうこ》のため、寧子と字を改めていた。

伊都子の夫の梨本宮守正《もりまさ》と、伏見宮博恭は従兄弟の関係にあった。守正の父・久邇宮《くにのみや》朝彦《あさひこ》と、

浅野寧子（1898～1919）　安芸広島の浅野長之（ながゆき）侯爵嗣子の長武夫人の恭子（やすこ）。義母の恭子（きょうこ）と同字のため、遠慮して「寧子」と改めた。

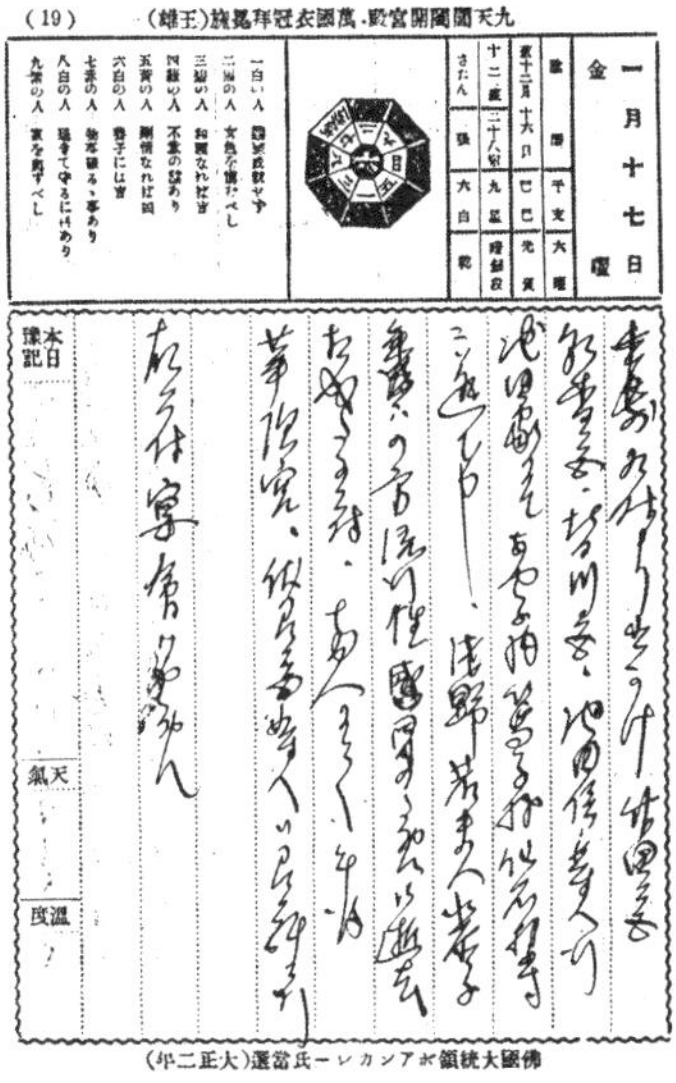

1919年1月17日の日記　方子が李垠と結婚するため、伊都子は縁戚の家を挨拶に回った。この日、伊都子は浅野寧子の急逝を知った。

博恭の父・伏見宮貞愛《さだなる》が兄弟だった。

　また、当時、華頂宮家は、華頂宮家から伏見宮家へ移籍した博恭の次男で、寧子の弟の博忠が継いでおり、そうしたつながりで、梨本宮夫妻は、華頂宮と伏見宮に見舞いに行ったのである。

「両人」とは守正と伊都子のことである。

　この日、梨本宮家で宴会が予定されていたが、突然の喪のため中止となった。

　この浅野寧子の流行

性感冒による急逝が、その前後四年にわたりつづいた「流行性感冒」、いわゆるスペイン風邪（スペイン・インフルエンザ）の伊都子の日記に記された最初の記事であった。当時は、その病原体がウイルスであることも知られなかった。治療法も風邪の療法の域を出なかった。突然の近親者の死に、伊都子は驚いたが、こうした死が以後もつづくとは予想もしなかった。宴会を中止したのも喪に服すためであり、感染を避けてのことではなかった。

流行の時期区分

一九一八年（大正七）から二一年までつづいたとされる「流行性感冒」、いわゆるスペイン風邪の時期区分には、大きく二つある。ひとつは、一九二二年に内務省衛生局が編纂した『流行性感冒』（二〇〇八年に平凡社より東洋文庫『流行性感冒　「スペイン風邪」大流行の記録』として翻刻刊行される）がまとめた時期区分と、もうひとつは、速水融《はやみあきら》『日本を襲ったスペイン・インフルエンザ　人類とウイルスの第一次世界大戦』（藤原書房　二〇〇六年）の時期区分である。

内務省衛生局編『流行性感冒』では三期に区分され、第一期は一九一八年八月から一九年七月、第二期は一九年一〇月から二〇年七月、第三期は二〇年八月から二一年七月である。一方、速水本では、前流行と後流行の二期に区分され、前流行が一九一八年秋から一九年春、後流行が一九一九年暮から二〇年春である。両者の区分法に違いはあるが、流行がはじまるのは一九一八年夏ごろ、第二波を迎えるのが一九年秋ごろというのが、両説に共通する時期区分であろう。

この時期の梨本宮伊都子《なしもとのみやいつこ》妃の日記には、自分や周辺の人びとの病気や死亡に関する多くの記事がある。当然、これらの記事がすべてスペイン風邪とみなすことはできない。内務省や速水の時期区分よりも前の時期や、後の時期に風邪で難儀したり、死亡したりした記事もある。また、流行の時期に死亡した人びとでも必ずしも風邪で亡くなったわけではない人もいる。

つまり、伊都子の日記にある病因を分類すると、

A、「流行性感冒」と明記されていても「スペイン風邪」とは限らず、例年の感冒の範疇と考えられるもの、

B、「流行性感冒」と明記されていなくても「スペイン風邪」の可能性があるもの、

C、他の文献などで明らかに「スペイン風邪」とされているもの、

D、「スペイン風邪」かもしれないが、確定できないもの

などに整理できよう。

そのうち、内務省と速水の時期区分以前の時期の記事を一覧にすると、表１「流行前の感冒記事」になる。一九一七年と一八年とも時期は一月か一二月であり、伊都子自身は三度も風邪をひいた。梨本宮家の老女千代浦《ちようら》も毎年一月に、宮家の職員たちも一八年一月に一斉に風邪をひいたのである。

表1　流行前の感冒記事（1917～18･1）

感染時期（日記の時期）			感染者名（出身の皇族･華族名）	日記にある主な症状
1917年	1月	4日	梨本宮伊都子	悪寒してここちあし、風気、気管あしく
		6日	千代浦（梨本宮家老女）	風気にてここちあし
	12月	1日	梨本宮伊都子	風引きたり
1918年	1月	19日	**仙石素子（久邇宮朝彦六女）**	**発熱。（21日に急逝）**
		24日	梨本宮伊都子	「流行性感冒」のよし
		27日	千代浦（梨本宮家老女）	御風めしインフルエンザなり。（快復）
		29日	梨本宮家職員たち	皆々風引

＊太字は死去

表2　第一期の感冒記事（1918･8～19･7）

感染時期（日記の時期）			感染者名（出身の皇族･華族名）	日記にある主な症状
1919年	1月	17日	**浅野寧子（伏見宮博恭長女）**	**「流行性感冒」のため死去**
		23日	梨本宮規子（伊都子の次女）	風気にて用心。（快復）
		27日	梨本宮伊都子	少々風気。（快復）
	2月	26日	千代浦（梨本宮家老女）	気管支カタルにて重態。（28日に死去）
	4月	20日	**竹田宮恒久**	**急逝肺炎にて重態。（23日に死去）**

＊太字は死去

気になるのは仙石《せんごく》素子の発熱による急逝である。素子は久邇宮《くにのみや》朝彦の六女で、伊都子の夫守正《もりまさ》の妹にあたる。当時四二歳で、賞勲局総裁や宗秩寮《そうちつりょう》総裁などを勤めた宮内官僚である仙石政敬《せんごくまさゆき》子爵の夫人であった。

この素子の見舞いなどに行った伊都子や老女千代浦、使用人たちが、その後相次いで風邪をひいたのは、偶然なのかどうかは想像でしかない。

素子の急逝をスペイン風邪の早い時期と考えると、従来の説との整合性も説明する必要がある。今のところは「スペイン風邪」流行前の感冒としておこう。

伊都子の日記にある感染記事

内務省の第一期、および速水融の前流行の時期の記事は、表２「第一期の感冒記事」になる。この時期の感冒は一月に限定されなかった。二月、四月にも発病があり、ときに急逝した。先の浅野寧子をはじめとして、三七歳の竹田宮恒久《たけだのみやつねひさ》が亡くなった。千代浦《ちようら》はこの年も風邪をひいた。老女（侍女頭）という立場上、無理も重なったのであろう。千代浦もこのときに亡くなった。

内務省の第二期、および速水融の「後流行」の時期の記事は、表３「第二期の感冒記事」になる。この時期の感冒は一九二〇年一月に死亡者が集中している。伊都子の弟の貞次郎《ていじろう》や妹の茂子までも急逝した。貞次郎は海軍に入り、第一次世界大戦中に地中海方面で活動した第二特務艦隊の特務船東京指揮官などを務め、分家して男爵を授かったばかりで、三三歳であった。茂子は越後長岡の牧野忠篤《まきのただあつ》子爵の後妻で、三五歳であった。

内務省の第三期の記事は、表４「第三期の感冒記事」になる。伊都子が明らかに「スペイン風邪」に感染したと思われるのがこの時期である。伊都子自身、「時節柄」と日記に記して心配を

表3　第二期の感冒記事(1919・10～20・7)

感染時期(日記の時期)			感染者名(出身の皇族・華族名)	日記にある主な症状
1919年	9月	20日	梨本宮伊都子	少々風。用心す。(快復)→9月だが、第二期
	10月	25日	梨本宮守正	赴任先の遼陽にて風気。(快復)
	12月	28日	梨本宮方子(伊都子の長女)	のど悪しく、時局柄シップ。(快復)
1920年	1月	17日	**池田安喜子と禎政(久邇宮朝彦の三女とその長男)**	**流感に罹り。(ともに19日に死去)**
			鍋島貞次郎(鍋島直大の次男、伊都子の弟)	**流感に罹り、入院。肺炎併発。(22日に死去)**
		19日	**牧野茂子(鍋島直大の三女、伊都子の妹)**	**発熱し、肺炎。(20日に死去)**
	2月	20日	竹内絢子(久邇宮朝彦の五女)	御風めしインフルエンザなり。(快復)

＊太字は死去

表4　第三期の感冒記事(1920・8～21・7)

感染時期(日記の時期)			感染者名(出身の皇族・華族名)	日記にある主な症状
1921年	1月	15日	梨本宮伊都子	気管支カタルをおこし、流行性感冒ゆへ用心すべしとの診断。(全快)
	3月	20日	**鍋島直大(伊都子の父)**	**鼻血強く、気管支より出血。(6月18日に死去)**

＊太字は死去

表5　第三期以後の感冒記事(1922~23)

感染時期(日記の時期)			感染者名(出身の皇族・華族名)	日記にある主な症状
1922年	1月	1日	梨本宮守正	風気、用心すべし
		13日	長田いさ(梨本宮家侍女)	発熱、用心のため宿へ
		31日	**すず(前田家老女)**	**急性肺炎、死去**
1923年	2月	7日	**有栖川宮董子**	**風気、肺炎、死去**

＊太字は死去

隠さなかった。伊都子は快復したが、父の直大《なおひろ》が気管支から出血して七五歳亡くなった。伊都子三九歳のときであった。

直大の死因は腎臓病などとされているが、症状や時期などからスペイン風邪に感染した疑いがある。

内務省の第三期以後の記事は、表5「第三期以後の感冒記事」になる。もはや流行は去ったと思われる時期だが、感染の用心をしていたことがうかがえる。梨本宮家の侍女であった長田いさは、風邪のため宿で静養し、宮邸には入らなかったことなどからも、余燼への懸念が感じられる。

前田利嗣（1858～1900）**と朗子**（1870～1949）　加賀金沢の前田利嗣夫妻。妻の朗子は鍋島直大長女で、伊都子の姉。伊都子は朗子の長女の渼子（なみこ）を可愛がった。

前田家は、直大の長女で伊都子の姉である朗子《さえこ》が加賀金沢の前田《まえだ》利嗣《としつぐ》侯爵（一九〇〇年に他界）の夫人であり、そうしたことからの情報であろう。

伊都子の日記には、皇族・華族社会でのスペイン風邪の感染状況のあらましが書き残されており、さらにはそうした緊迫した時代、宮中はどのような動きを見せ、宮家はどのように対応したのかの断片もいくつか記されている。以下、伊都子の日記から、その歴史を追ってみよう。

李太王の死因

一九一九年一月二一日夕刻、浅野寧子急逝の四日後、梨本宮家に電報が届いた。「李《り》太王《たいおう》御危篤のよし来り、大さわぎ」と伊都子の日記にある。さらに翌二二日の日記には、こうある。

李太王御危篤薨去《こうきょ》のよし、王世子《おうせいし》殿下午前八時三十分にて帰鮮のよし、実に言葉も筆も尽されぬかなしさ。何事も手につかず只ぼんやりとした事なり。

伊都子が「ぼんやり」としたのにはわけがあった。長女の方子が王世子の李垠《イウン》と婚約が整い、まさに結婚する前日のことだったからだ。浅野寧子が流行性感冒で亡くなったとき、伊都子は長女の方子の結婚準備でいそがしかったのである。二一日の日記にはこうある。

天気もはればれしく長閑《のどか》なり。午前七時一同揃ひ、八時御荷物送り開始。宮内省、自動車二、通運会社の三にて、それぞれはこび、午前中に四回、午後二回にて、午後二時めで度《たく》終り。

一同へ酒肴《しゆこう》料、御出入方へは御祝儀、御弁当等被下《くだされ》、にぎにぎしく終る。

そして、この夕刻に李太王危篤の電報が届いた。

李太王とは李氏朝鮮第二六代国王で、大韓帝国初代皇帝となった李熙《イヒ》（高宗《コジョン》）のことである。一九〇七年（明治四〇）七月に長男の李坧《イチョク》（純宗《スンジョン》）が第二代の大韓帝国皇帝となり、七男の李垠が皇太子となった。一九一〇年の韓国併合後は、李熙は徳寿宮李太王、李坧は昌徳宮李王、皇太子であった李垠は王世子と称した。

李太王（1852～1919）　高宗。李坧・李垠の父。1907年のハーグ密使事件で退位し、太皇帝となる。10年の韓国併合後、徳寿宮李太王と称された。

李熙は一九〇七年の大韓帝国皇帝のとき、オランダのハーグで開催されていた第二回万国平和会議に密使を送り、第二次日韓協約で日本に奪われた外交権の回復を訴えようとしたが、会議参加を拒否された。この事件により、伊藤

三・一運動記念レリーフ　三・一運動が起きたソウルのタプコル公園（旧パゴダ公園）内のレリーフのひとつ。中央は「朝鮮のジャンヌ・ダルク」と呼ばれる柳寛順（リュグァンスン、1902～1920）。

博文統監府統監は李㷩を退位させ、李坧を即位させたのであった。

李太王は王世子である李垠の結婚の前日に亡くなり、国葬は三月三日に行われることになったが、李太王は日本に毒殺されたという説が流れ、三月一日に三・一独立運動を引き起こすきっかけとなったといわれる。

伊都子の自伝である『三代の天皇と私』には、「李太王の死は、日本の総督の陰謀によって毒殺されたと信じられているのです」「お葬式を三月三日に控えたその一日、独立万歳騒動事件の幕は切って落とされました。だが日本軍の機関銃は火を吐き、全半島の大地は鮮血にまみれたのでした」とある。

もっとも、これはのちに伊都子が得た知識であり、当時の三月一日の伊都子の日記には「けふはあたたかきよき晴なり」「別にことなくあたたか過《すぎ》てここちあし」とあり、事件への言及はない。

また三日には「本日は故李太王国葬に付、宮中は廃廟仰せ出され、【守正は】司令部へ御ならせらる」（【　】は小田部の加筆）とあるのみである。あるいは、守正が司令部で独立運動の話題などを聞き、それを伝えられたかもしれないが、日記にはそうした緊迫感はない。そもそも守正は伊都子に仕事上の話はしないのか、伊都子の日記には守正の軍務内容についてほとんど書いてない。

じつは、李太王の死には「毒殺説」と、これを否定する「脳出血説」があった。近年では、独立記念館韓国独立運動史研究所の尹素英《ユンソヨン》学術研究部長が「医療事故説」を主張する論文を書いた。

従来、「毒殺説」の根拠のひとつに王世子と梨本宮方子の結婚への反対もあげられるが、これには疑問も残る。天皇の勅許《ちょっきょ》も得て、宮内大臣も認可し、皇室典範まで改正した結婚を、日本の勢力が反対し、式の日に合わせて、李太王を毒殺する必要があったのだろうか。

しかも、翌年に延期されたが、式は無事に行われ、毒殺した効果がでていない。韓国側要人による「毒殺説」もあるが、「毒殺」以外の説もありえると思う。たとえば、時期的にみて「スペイン風邪」説も一考の余地はある。

朝鮮でのスペイン風邪について、内務省の『流行性感冒』は、「大正七年初秋流行の端を発し爾来《じらい》三年に亘《わた》り寒冷の候に前後三回の流行を見たり」とする。また、速水融の『日本を襲ったスペイン・インフルエンザ』も、朝鮮での流行性感冒の報道は一九一八年（大正七）一〇月一七日の『京城日日新聞』が最初であるとする。そして、同年一一月二二日に「悪感冒京城に入る」と朝鮮での流行がはじまったと指摘する。

　さらに速水は、目の前で日本人は厚遇され、朝鮮人にスペイン風邪の死亡者が続出する状況が、三・一運動の「一つの前提となったと考えられないだろうか」とも推測する。つまりは李太王が亡くなる当時の朝鮮では、スペイン風邪がかなり広まっていたのである。

竹田宮恒久の急性肺炎

皇族で唯一亡くなった竹田宮

一九一九年四月二〇日、京都第十六師団長であった梨本宮守正は、満州守備隊と交替して満二か年の防衛勤務につくため、京都師団司令部を出て、大阪港から八幡丸にて遼陽に向けて出港した。この日、伊都子はいつもより細かな字で守正のその日の朝から出港するまでのようすを長々と綴った。そして「桟橋《さんばし》にて御見送り申上、五時過《すぎ》かへる。天気いかにもよくうれしき」と、平穏な旅立ちに安堵した。

しかしこの日、竹田宮恒久《たけだのみやつねひさ》の重態を知らせる電報が届いていた。日記の末尾にこうある。

竹田宮急性肺炎にて御重体のよし電報あり、直《ただち》に御見舞の電報を発す。

その後、伊都子は守正がいた京都深草の官舎の整理をし、二二日に馬淵鋭太郎《まぶちえいたろう》京都府知事の挨拶を受け、二三日に七条駅で将校夫人らに見送られながら東京の本邸へ帰った。そしてこの日の夜、伊都子はこう書いた。

午後七時二十分竹田宮殿下御危篤にならせられ、つづいて薨去《こうきょ》のよし。早速夜中ながら坪井御使に行《ゆく》。

伊都子は竹田宮の訃報に接し、夜中ながら宮家家令の坪井祥を使いに出したのである。

翌二四日、伊都子は竹田宮家に弔問に行く。

午前八時半出門、とりあへず竹田宮へ伺ひ、御遺骸みあげかへる。

『昭和天皇実録』によれば、この日、宮中喪につき当時皇太子（東宮《とうぐう》）であった裕仁の学問所は休課となった。また二五日には、「二十九日挙行の予定であった成年式の延期が発表される。五月一日に至り、成年式は五月七日に挙行の旨が告示される」とある。二九日に裕仁は満一八歳となり、皇室典範の規定により成年となった。裕仁は天皇皇后に対面、宮内大臣はじめ東宮学問所総裁東郷平八郎《とうごうへいはちろう》らの祝賀を受け、弟の宣仁《のぶひと》（のちの高松宮）と夕餐をともにした。成年式の延期は喪中のためであり、感染を懸念したものではなかった。

いっぽう、伊都子の日記にも、竹田宮の葬儀に関する記事がつづく。

午後七時、竹田宮霊代奉遷式《たましろほうせんしき》に付、六時より高輪の御邸へ行、八時半かへる。（4・29）

竹田宮斂葬《れんそう》の五時半、竹田宮邸御発引《はついん》に付、九時三十分豊島ヶ岡御着の予定に付、八時二十分御出門、御先着。九時半御着、十時十五分より御式はじまり、とどこほりなく十一時過すませられ、十一時かへる。あやにく朝一寸《ちよつと》雨、又やみ午後四時ころより本降《ほんぶり》となる。（4・30）

竹田宮恒久（1882～1919）**とその家族**
右が竹田宮恒久、中央が恒徳（つねよし、1909～92）、左が昌子妃（1888～1940）。恒久も恒徳も、騎兵連隊に属した。

斂葬を終えた翌五月一日午

前中に、伊都子は皇后に献上するスッポンを鍋島家の時代から仕えてきた侍女の石井ヤスに持たせ、午後二時、伊都子は参内して皇后に会った。あるいは竹田宮の葬儀のようすなどを伝えたのかもしれない。

五月七日には、四月二九日に予定されていた皇太子の成年式が行われ、伊都子も参列した。日記には「皇太子殿下御成年式、賢所《かしこどころ》大前にて御加冠の御式行なはせられ、午後二時拝賀に付、午後一時二十分参内（中礼服）、三時かへる」とある。

翌八日も「御成年式後饗宴に召させられたるに付、正午参内、豊明殿《ほうめいでん》にて賜宴、二時かへる。御盃頂戴」とあり、喪で延期となった成年式も宴会も予定どおり行われた。

さらに九日には「東京市てん都五十年祝賀会に付、上野へ行幸啓あらせらる。いつ子も式場へ行、御道すじ新橋、京橋、日本橋を通り、にぎにぎしく美しく、とどこほりなくすみ、十二時かへる」とある。

速水融『日本を襲ったスペイン・インフルエンザ』によれば、当時の『都新聞《みやこしんぶん》』や『東京朝日新聞』は、感冒から肺炎にいたり死亡する者がふえていることを警告していた。しかし、東京府や東京市は「何をすべきかわからなかった」と指摘する。市民には、室内や身体の清潔維持、人混みを避けること、うがいの励行、患者の隔離などが奨励されたようだが、宮中周辺では平素から心がけられていることでもあり、例年の風邪に対する以上の特別な対策はとらなかったのだろう。

一九一九年当時の宮家当主と妃

竹田宮が亡くなった当時の宮家はどのくらいあったのだろうか。一九一九年当時の皇室は天皇皇后のほか皇太子裕仁《ひろひと》（昭和天皇）、淳宮雍仁《あつのみややすひと》（秩父宮）、光宮宣仁《てるのみやのぶひと》（高松宮）、澄宮崇仁《すみのみやたかひと》（三笠宮）の四皇子がいた。また天皇には四人の妹（明治天皇の四人の内親王）がいたが、それぞれ宮家に嫁いでいた。

これらの天皇家の直系の皇族のほかに、北朝三代の崇光《すこう》天皇から分かれて親王家を継いできた伏見宮の家系の皇族たちがいた（崇光天皇の曾孫の彦仁《ひこひと》が一〇二代後花園天皇となり、現在の皇室につながる）。すなわち幕末維新期に活躍した伏見宮邦家《くにいえ》の子孫たちが、幕末から明治期にかけてそれぞれ宮家を創設したのである。

その数は一二あった。五十音順に朝香《あさか》宮、華頂《かちょう》宮、賀陽《かや》

貞明皇后と三皇子　右から３男宣仁（高松宮、1905～87）、次男雍仁（秩父宮、1902～53）、貞明皇后（1884～1951）、長男裕仁（皇太子、1901～89）。ほかに４男崇仁（三笠宮、1915～2016）がいる。宣仁は海軍軍服、雍仁と裕仁は陸軍軍服。

梨本宮守正（1874 ～ 1951）**・伊都子**（1882 ～ 1976）**と二人の娘**

1918 年 12 月 8 日、方子納采式の記念写真。右から規子（1907 ～ 85）、伊都子、守正、方子（1901 ～ 89）。

宮、閑院《かんいん》宮、北白川《きたしらかわ》宮、久邇《くに》宮、竹田《たけだ》宮、梨《なし》本《もと》宮、東久邇《ひがしくに》宮、東伏見《ひがしふしみ》宮、伏見《ふしみ》宮、山階《やましな》宮となる。

近代の宮家はほかに、小松《こまつ》宮があり、また伏見宮の系統ではない、かつて四親王家とされてきた有栖川《ありすがわ》宮、桂《かつら》宮などもあったが、みな男子継承者がいなくなっていた。有栖川宮は当時まだ残っていたが、女性のみの宮家となっていた。

このため当時の宮家当主はみな、兄弟あるいは従兄弟などの血縁であり、それぞれの交流は深かった。宮家の多くは、伏見宮邦家の子である久邇宮朝彦《あさひこ》、北白川宮能久《よしひさ》、伏見宮貞愛《さだなる》の系統に連なる。

そして久邇宮朝彦の次男が賀陽宮邦憲《くにのり》（恒憲が継ぐ）、三男が久邇宮邦彦《くによし》、四男が梨本

伏見宮貞愛（1858 ～ 1923）　流行性感冒で急逝した浅野寧子の祖父。久邇宮朝彦・北白川宮能久の弟、閑院宮載仁の兄。

北白川宮能久（1847 ～ 95）　日清戦争では台湾征討近衛師団長として出征し、現地でマラリアに感染して亡くなった。

宮守正、五男が久邇宮多嘉《たか》（久邇宮分家）、八男が朝香宮鳩彦《やすひこ》、九男が東久邇宮稔彦《なるひこ》と、それぞれの宮家の当主となっていた。

　また北白川宮能久の長男が竹田宮恒久、三男が北白川宮成久《なるひさ》で当主だった。

　さらに伏見宮貞愛の長男が伏見宮博恭《ひろやす》、孫が華頂宮博忠を継いでいた。

　そのほかも伏見宮邦家の系統で、邦家の一六男が閑院宮載仁《ことひと》、一七男が東伏見宮依仁《よりひと》、曾孫が山階宮武彦だった。

　こうした血縁のため、冠婚葬祭などの交流も親密だった。また、それぞれの妃も上流公家か武家の家の子女が選ばれていた。公家では、賀陽宮妃敏子《としこ》が九条道実公爵家五女、閑院宮妃智恵子が三条実美公爵次女、東伏見宮妃周子《かねこ》が岩倉具定《ともさだ》公爵家長女であった。

また武家では、梨本宮妃伊都子が佐賀鍋島侯爵家次女、一九一三年に他界した有栖川宮威仁《たけひと》の妃である慰子《やすこ》が加賀前田侯爵家四女、久邇宮妃俔子《ちかこ》が薩摩島津公爵家七女、伏見宮妃経子《つねこ》が徳川慶喜公爵九女である。

皇族家の出身では、竹田宮・北白川宮・朝香宮・東久邇宮のそれぞれの妃は、明治天皇の四人の内親王たちであった。明治天皇が内親王を皇族に嫁がせようとしたが、北白川宮家以外に適齢の男子皇族がなく、竹田・朝香・東久邇の三宮家を新たに設立したのである。さらに、一九二二年に山階宮武彦と結婚する佐紀子《さきこ》は賀陽宮邦憲次女であった。

こうした上流公家・武家・皇族の子女たちも互いに交流を深め、兄弟姉妹などをふくめた一大閨閥を形成していたのである。このため、伊都子の日記にも、こうした妃たちとの個人的交流などが書かれている。結婚で苗字は変っても兄弟姉妹ら血縁のつながりはつづいた。先の浅野寧子もそうした血縁のひとりであり、寧子と梨本宮方子は再従姉妹《はとこ》になる。急性肺炎で亡くなった竹田宮恒久と守正は従兄弟だった（一二ページ「一九一九年当時の宮家」参照）。

長男・竹田恒徳の回想

竹田宮恒久の死について、戦後の一九七七年（昭和五二）に刊行された『菊と星と五輪　皇族からスポーツ大使へ』（のち一九八五年に『私の肖像』と改題）のなかで、長男の恒徳《つねよし》が「父の死」と題して回想している。

小学校に入るため私が東京へ戻ってほどなく、父も第一師団司令部付きとなり、東京に帰って来た。しかし大正八年、父は当時流行したスペイン風邪にかかり、肺炎を併発して四月二十三日に亡くなってしまった。三十七歳の若さだった。元来病弱でもあったのだが、もしペニシリンがあったらと、本当に残念でならない。亡くなった父は陸軍少将大勲位勲一等功五級の肩書であった。

当時の皇族男子はみな陸軍か海軍に入るのが原則であり、竹田宮恒久は陸軍軍人の道を進んだ。北白川宮能久の長男として生まれ、近衛騎兵連隊に属し、日露戦争に従軍。一九〇六年（明治三九）に竹田宮家を設立し、高輪に御殿が建てられ、〇八年に明治天皇六女の昌子《まさこ》内親王と結婚した。

その後、陸軍大学校を卒業（二十二期）。乗馬に縁のある家系で、長男の恒徳も騎兵第一連隊に入り、戦後は日本馬術連盟会長に就任し、日本オリンピック委員会委員もつとめた。

恒徳三男の恒和はオリンピック馬術の日本代表にもなり、二〇二〇年東京オリンピック・パラリンピック招致委員会理事長だったことは、よく知られている。
恒久が亡くなったのは、恒徳が九歳のときであった。恒徳の回想は、こうつづける。

九歳だった私は死というものに初めて直面し、驚きとともに悲しみおののいた。皇族の墓所は護国寺の隣りの豊島ヶ丘《（ママ）》である。当時の葬列は品川から音羽までお棺を乗せた輿《こし》を徒歩でかついで行つたものだ。私は喪主だから、ほんとうは全行程を歩かなければならないところだったらしいが、子供だからというので、帷子《かたびら》のような黒い喪服に藁草履《わらぞうり》をはいて、闇路《やみじ》を迷わないようにと、父に持たせる竹の杖を持たされて、馬車で先回りしたことを覚えている。

葬式は神式だったが、とくに感冒を用心する配慮があったわけではなく、平素の葬式と大きな違いはない。

父の死を母が悲しんだことは当然だが、子供心にもそのことをとても強く感じた。亡くなった父が寂しかろうと、お墓の脇にわざわざ小さな小屋をつくって、当分のあいだ交替で寝ず

竹田宮の葬儀　竹田宮恒久は北白川宮能久の長男であるが庶子であり、北白川宮家は３男で嫡子の成久が継いだ。葬儀には北白川宮家の親族が多く集まった。

の番をおくったほど、母の悲しみは大きかった。

母とは、明治天皇六女の昌子内親王である。成年式を控えた裕仁の叔母にあたる。

恒徳の回想録には、恒久の葬儀の写真が載っている。「大正八年四月二十七日撮影」とあり、「父の棺前で。前列左から著者、母、禮子《あやこ》、房子《ふさこ》内親王、有馬貞子。後列左から成久王、小松侯爵、上野伯爵」と説明がある。

禮子は、恒久の長女で、のちに佐野常光《さのつねみつ》夫人となった。佐野家は日本赤十字社の創設にかかわった佐野常民《つねたみ》の家系で、伯爵家であった。

房子内親王は明治天皇七女で、恒久の弟の北白川宮成久《なるひさ》妃であった。

有馬貞子は恒久の妹で、久留米の有馬頼寧《よりやす》伯爵夫人。

成久は弟。

小松侯爵は弟の輝久《てるひさ》、上野伯爵も弟の正雄《まさお》である。

スペイン風邪流行の第一期とみなされる時期に、竹田宮家と北白川宮家の一族が感染の警戒をあまりせず、一同に会していたのである。伊都子ら弔問客も同じ感覚であったろう。

倉富勇三郎の「流行性感冒」への配慮

竹田宮恒久が急逝したころ、当時の宮内官僚であった倉富勇三郎《くらとみゆうざぶろう》はその当時の宮内省周辺の動きを日々克明に日記に記している。その文字は小さく、その日の出来事を、細部までこまめに書き残しており、ふと、藤原定家の『明月記《めいげつき》』を思い起こさせる。その日記の一九一九年当時の翻刻はすでに二〇一〇年に国書刊行会より、倉富勇三郎日記研究会編『倉富勇三郎日記　第一巻』として、詳細な人名索引を付して公刊されている。

同書によれば、倉富は一九一六年に宮内省に入り、帝室会計審査局長官に任命され、一九二五年末までその職にあった。また、宗秩寮審議会の審議官、東久邇宮家宮務監督などもつとめた。一九二〇年に東久邇宮家宮務監督を免じられると、王世子顧問となり梨本宮方子と結婚したばかりの李垠《イウン》の「王族たるの徳器を成す」ための「輔導」を任された。

一九一九年の倉富日記には、「流行性感冒」が皇族へ感染することを懸念する記事がいくつかみられる。たとえば、二月一四日には、以下の記事がある。

萩原【淳・東久邇宮家御用取扱】は山縣《やまがた》【有朋《ありとも》・元帥陸軍大将・元老、公爵、枢密院議長《すうみついんぎちょう》】の親族にて、山縣が流行性感冒ならば、御供を遠慮せしむる必要ありと思ひたれども、山縣は流行性感冒に非《あら》ざる故、萩原をして御供をなさしむる筈《はず》なりと云《い》へり。

倉富勇三郎（1853～1948）　東久邇宮宮務監督、李王世子顧問などを歴任し、李太王の葬儀や、李垠の結婚などに深くかかわった。

つまり日記によれば、倉富は東久邇宮付事務官の金井四郎に、東久邇宮聡子《としこ》の葉山行のお供は東久邇宮家御用取扱の永山千香のはずだが、数日前に金井が「山縣の病状にて云々」と述べたのはどういう意味かと尋ねたのである。

これに対して、金井は永山ではなく萩原と言ったと述べ、そのと

山縣有朋（1838～1922） 同じ長州出身の伊藤博文亡き後、軍や政官界を支配し、「山縣閥」を築く。

きに、萩原は山縣の親族なので、山縣が流行性感冒なら遠慮するべきだと思ったが、山縣は流行性感冒ではないので、萩原にお供をさせるはずだと言ったというのである。「山縣は流行性感冒ではない」と言ったのが、金井か倉富か主語がわかりにくい文であるが、いずれにせよ「山縣は流行性感冒ではない」という判断があり、その親族の萩原がお供できるというわけである。

伊都子の日記と異なり、倉富の日記からは、皇族への感染を防ごうとする配慮があったことがわかる。山縣がこのとき流行性感冒に罹《かか》っていたか否かはともかく、三年後の一九二二年二月一日、山縣は肺炎と気管支拡大症のため小田原別邸の古稀庵《こきあん》で満八三歳で亡くなった。死因は流行性感冒（スペイン風邪）と言われる。

さらに倉富日記の三月二六日には、帝室会計審査局審査官で主事でもある林恭次郎《はやしきょうじろう》が、調度寮の実況審査を成し終えたが、内儀（天皇皇后の私的生活の場である「奥」）にも新たに設備されたところがあるので、審査局長である倉富も内儀を見てはどうかという話になったことが書いてある。そして、つぎのようにある。

既にして予【倉富】が先頃流行性感冒に罹り、未だ十分の日子《につし》を経過し居《お》らず。奥殿に参入することは規則上差支《さしつかえ》なきやを懸念し、伝染病予防規則を検したるに、流行性感冒に罹りたる者は、全快後其翌日より七日間側近に奉仕し又は臨時進謁《しんえつ》することを得ざる旨の規定あるのみにて、宮中に参入することに付ては何等《なんら》の禁止なし。然れども此の趣旨より考ふるときは、予が解熱後は既に十日以上になり居るも、遠慮する方穏当なるべしと思ひ、其旨を林に告げ【以下略】

倉富は自分が流行性感冒に罹って充分の日数を経ていないので、伝染病予防規則で調べたところ、流行性感冒の場合は全快後その翌日より七日間は奉仕や臨時進謁ができないとあるのみなので、宮中に入ることは禁止されておらず、しかも解熱後一〇日以上になっているが、やはり遠慮するほうがいいだろうと、その旨を林に告げたというのだ。倉富の逡巡が伝わる。

結局、石原健三宮内次官が「夫《そ》れは少しも差支なし。一緒に行くべし」と言い、宗秩寮総裁の井上勝之助・林恭次郎、そして審査局属官二名が随行した。倉富は、「御内儀に至り、皇后宮職々員某及女官富田某案内して各所を拝見せり。拝見したる箇所は、御食堂、御膳所、御格子の間、剣璽《けんじ》の間、皇后陛下の更衣室、両陛下各別の御浴室、表御座所、御学問所等にて、枚挙するに遑《いとま》あらず」と書いている。

快復後で問題がないと判断され、倉富は石原宮内次官らとともに「奥」の内部を隅々まで見て回ったのである。

皇妹の夫

倉富の日記には、竹田宮恒久が発病してから亡くなるまでの一連の記事がある。

一九一九年四月二〇日午前九時過ぎに、宮内省宿直書記官の大谷正雄からの電話で、倉富は竹田宮が感冒から肺炎となったことを聞いた。「脈百十、呼吸四十位にて、侍医より危篤と云ふ御容体には非ざるも、御重体と云ふに付、通知すと云ふ」と、この日の日記にある。

倉富は関係方面と連絡をとりながら、東久邇宮宮務監督の名義で東久邇宮の使いとなり、竹田宮の病状の確認につとめた。そして東久邇宮付事務官の金井四郎に「脳症を発せられたる為《ため》、薬《やく》餌《じ》も食物も進まざる趣なり」と伝えた。

翌二一日、倉富は今度は会計審査局長官として竹田宮邸にて竹田宮家御用掛の大木《おおき》彝雄《つねお》と御附武官の鍋島直明に病状を問い、「漸次御快方にて、体温も今朝九時には三十七度九分に下り、御食事も進む様になり、脳症も減退したる旨」を聞いた。

ところが二二日、宮内省調度頭の小原詮吉から竹田宮の病状とその対応につき、意外な情報を聞く。

小原は、竹田宮殿下の御病気は十二日よりの御発病にて、十六日より肺炎の兆候あり。十七日には愈々《いよいよ》肺炎と診断ありたるに拘《かか》はらず、何処《どこ》にも報告もせず。北白川宮の大妃【富子、北白川宮能久妃】にも、北白川宮【成久、北白川宮家当主、陸軍大尉、参謀本部付、竹田宮恒久の弟】にも、御重態になりたる後、十八日に到り、始めて之を報知し、北白川宮大妃及王殿下等急遽大阪又は京都より御帰京あらせらるる様の不都合を生じたるは、畢竟《ひっきょう》宮附職員が妃殿下【竹田宮妃昌子内親王、明治天皇六女】にのみ重きを置き、王殿下のことは之を軽視する悪弊が此節の御病気にて偶然実現したるもの、附属職員は十分之を懲戒すべきものと思へども、次官抔《など》は何も成し居らざる様なり。大木某【彝雄】は竹田宮御用掛なるに、其人

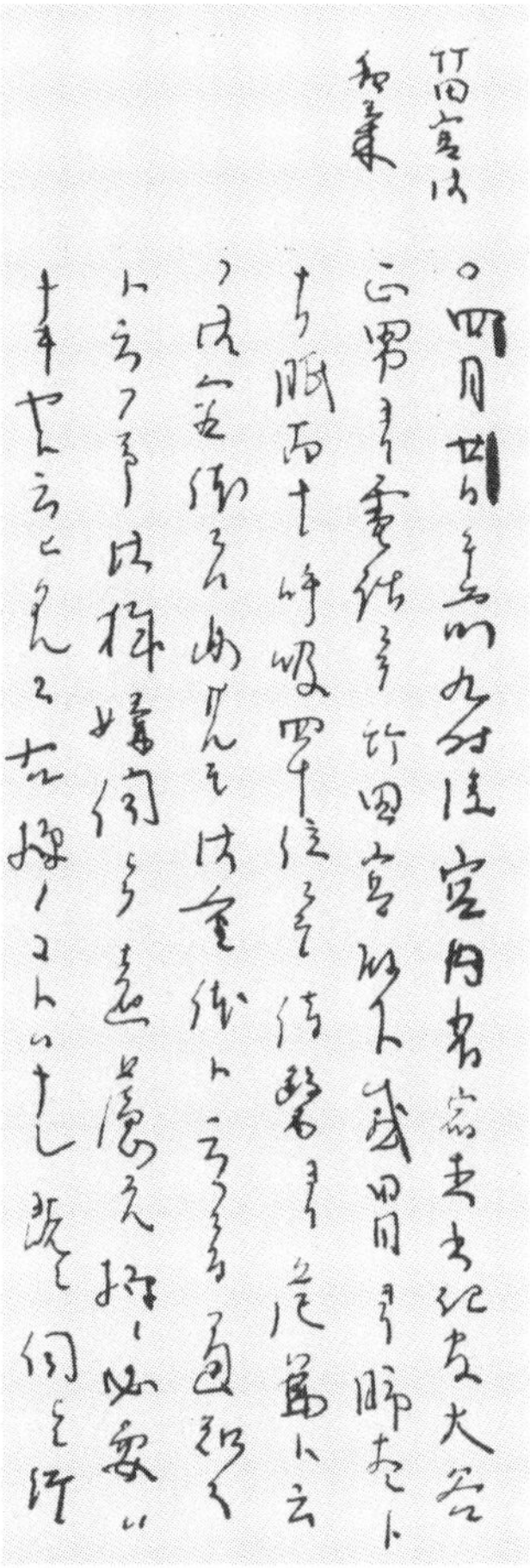

倉富勇三郎の日記　竹田宮の病状を伝える1919年４月20日の記事。国立国会図書館憲政資料室蔵。

北白川宮成久（1887～1923）**一家**
左から成久、長男永久（1910～40）、房子妃（1890～1974）、長女美年子（みねこ、1911～70）。

にさへ御重態になるまで何事も通知せざりし由なり。北白川宮附山辺知春は、大阪より帰り来たりて非常に竹田宮附職員の不都合を憤慨し居りたりと云ひ居れり。

竹田宮は一二日に発病し、一六日に肺炎の兆候があり、一七日に肺炎と診断されたが、どこにも報告されなかったというのである。竹田宮恒久の継母にあたる北白川宮富子（能久の後妻）や異母弟の成久にも、重態になった後の一八日にはじめて伝えられ、富子は大阪より、成久は京都より急ぎ帰京する事態となったという。

これは、竹田宮家の職員が明治天皇の皇女である昌子のみを重視し、その夫の恒久を軽視する悪弊の結果と、小原は倉富に竹田宮家の内情を語った。

倉富はこの経緯を、北白川宮御用掛の松根豊次郎（帝室会計審査局審査官兼式部官、俳人松根《まつね》東洋城《とうようじょう》）に確認する。松根は以下のように答えた。

御治療上にも幾分行届かざりしことあるやに聞きたり。竹田宮よりは、大阪にも突然御重態のことを報じたるのみならず、御隣邸なる北白川宮邸にさへ何事も報知せず。愈々《いよいよ》御重態となり、御近親方に電話にて報知するとき、竹田宮には電話機一個にて間に合はざる故、北白川宮の電話を使用し、電話を掛くる模様を傍より聞き居りたる北白川宮附職員が、長距離電話にて御容体を在大阪なる北白川宮殿下に報じたる位なり【以下略】。

明治天皇の皇女を娶《めと》ったのは竹田宮だけではなく、弟の北白川宮、従弟《いとこ》の朝香宮・東久邇宮も同様であった。その意味では小原が言う「明治天皇の皇女である妃殿下のみを重視した」結果と、一概に結論づけられないものもある。とはいえ、「皇女の夫」「皇妹の夫」という観念がまったく影響しなかったわけではないだろう。

二五日、またも倉富は小原からつぎの話を聞く。

本月二十三日竹田宮殿下病革《あらた》まりたるとき、井上勝之助【宗秩寮総裁】が皇妹の夫の事に付、天皇陛下の行幸あるが当然には非ざるべきかとの旨を仙石政敬《せんごくまさゆき》【宗秩寮宗親課長】に話し、

東久邇宮稔彦（1887 ～ 1990） 1920 年にフランスに留学し、パリの社交界で政治家や画家たちと親交を深めていた。

朝香宮鳩彦（1887 ～ 1981） 朝香宮邸はアールデコ様式で知られ、現在、港区白金台の東京都庭園美術館となっている。

仙石は之を近藤久敬【内大臣秘書官兼宮内省官房総務課長】に話したる処《ところ》、近藤も之に同意し、其事が北白川宮殿下・朝香宮殿下の御耳に入り、同じ行幸あらせらるるならば、縡《こと》切れざる内が宜しからんとの御話あり。

二三日に竹田宮は「最早注射も反応なく、医師も手を束《つか》ねて御臨終を待ち居る」状況であった。そのため井上が天皇の行幸があるべきと述べ、仙石から近藤に伝わり、これが北白川宮と朝香宮の耳に入った。そして行幸があるのなら竹田宮の「締切れる」前がいいとなったという。そこで両殿下の思召《おぼしめ》しとして波多野敬直《はたのよしなお》宮内大臣に天皇行幸を申し入れた者があり、波多野も思召しであれば反対もできずとして、石原宮内次官の意見も聞いた。波多野はもともと行幸を奏請する意思はなく、行幸は実現しなかったが、小原はこれを聞き「非常なる重大事件」と憤慨した。倉富は小原の怒りの言葉をこう書き残している。

両殿下【北白川宮・朝香宮】の思召にしても、竹田宮殿下の御病症は流行性感冒にて肺炎を併発したるに非ずや。此《かく》の如《ごと》き病床に行幸あらせらるる様のことが出来るものか。大臣は断然両殿下に御断り申上ぐることが出来ざるや

波多野敬直（1850～1922） 宮内大臣となるも、宮中の運営をめぐり山縣有朋としばしば対立し、辞任に追い込まれた。

小原は、行幸で天皇が感染することへの配慮が周囲にないことを怒ったのであるが、このいきさつのなかで、倉富が井上の言として「皇妹の夫」と記していることも気になる。明治天皇の皇女、つまりは大正天皇の妹であり、そうした観念が当時の宮内官僚の意識に刷り込まれていたのは確かだろう。「皇妹の夫」だから天皇行幸もあるので、たとえば梨本宮のような「皇妹の夫」ではない宮家には病気見舞いの行幸などはないだろう。北白川宮も朝香宮もともに「皇妹の夫」であり、「天皇の義理の弟」であったことの意味は深い。

のちに同じ「皇妹の夫」である東久邇宮が留学期間を何度も延長して帰国しなかったのも、底流でつながるものがあったろう。そうした意識下の観念が竹田宮の急逝につながっていたとすれば、かなり痛ましい。

第二章——見えない病原体

梨本宮家の罹患

遼陽での守正の発熱

竹田宮が亡くなったころ、伊都子の夫の守正《もりまさ》は京都第十六師団長として防衛勤務のため中国東北部の遼陽《りょうよう》にいた。

伊都子は東京に残り、五月二二日には竹田宮三十日祭のため竹田宮邸へ出かけた。二六日は日比谷公園で開催の赤十字社総会に臨んだ。例年どおり皇后の行啓があった。「盛なりき」と日記にある。二八日には同じく日比谷で愛国婦人会総会があり、皇后も行啓した。

六月三日には慈恵会総会があり、この日も皇后は行啓した。「かたの如《ごと》く式もすみ、病室も御らんあり。三時半より芝離宮へならせられ、御供申上《もうしあげ》、一同へ茶菓をたまはり、五時過かへる」とある。流行性感冒感染への懸念は感じられない日々であった。一一日は竹田宮五十日祭で、伊都子は午前九時半過ぎに霊前に出る。昼を食したあと、義姉にあたる久邇宮俔子《くにのみやちかこ》と一緒に自動車で豊島ヶ岡に向かい、墓前祭に参列した。

その翌一二日、俔子の長女良子《ながこ》の結婚内定の知らせを聞いた。「久邇宮より御使にて良子女王殿下を東宮殿下の妃と御内定の沙汰の趣き御確定相成たるよし」と日記にある。伊都子は自分の長女方子を東宮妃にする夢を持たなかったわけではないだろうが、方子はすでに李王世子と婚約していた。家の格式を考えても、久邇宮本家の長女と、分家である梨本宮家の長女とでは、おのずから差があった。しかも久邇宮妃俔子は薩摩島津家、伊都子は佐賀鍋島家、武家の家柄の格式も上流同士とはいえ一歩の差があった。

この六月二八日に、一九一四年から四年つづいた第一次世界大戦終結後の平和条約が結ばれることとなった。このため地中海方面に出動していた第二特務艦隊も凱旋《がいせん》し、特務船東京指揮官を

結婚前の良子（1903〜2000）
1922年に納采の儀を終え、久邇宮邸で記念撮影をする良子。欧風でモダンなイメージが、皇太子裕仁の理想のタイプだった。

第二特務艦隊（旗艦出雲と駆逐艦隊） 日本は日英同盟にもとづき第一次世界大戦に参戦し、マルタ島を根拠地として地中海海域で連合国側の輸送船団護衛の任務についた。

務めた伊都子の弟の鍋島貞次郎も凱旋した。「今日は地中海方面に行《ゆき》し、我艦隊凱旋す。貞次郎も帰り午後本邸につきしよし申来《もうしきた》る」と六月一八日の日記にある。

二五日は地久節《ちきゅうせつ》（皇后誕生日）で、伊都子は宮中に参内して皇后に対面し、立食して一二時二〇分に退出した。この日午後五時、鍋島家で貞次郎が男爵を授かった披露会があった。「西洋食、親戚相よりにぎにぎしき事なり。講談あり。十時過かへる。御卵一打《ダース》持参の事」と、伊都子はうれしそうだった。

二九日、代々木練兵場にて平和の大観兵式の予行があった。伊都子は邸内の蔵の二階からながめ、「よくみえたり」と記している。三〇日、平和祝賀のための夜会が上野精養軒で開かれた。翌七月一日、平和祝賀のため東京市も東京府も休みになった。午前八時から代々木で観兵式が行われた。「皆々御門まで陛下を拝しに行、われらは御蔵の二階より拝す。記念絵はがきスタンプを発す」

とあり、梨本宮家の職員たちは門まで出て、伊都子や方子は蔵の二階から見たのだろう。この夜も東京市長主催の平和祝賀夜会が帝国ホテルであった。伊都子は遼陽の守正に記念はがきを二枚出した。

七月一二日は平和祝賀のため、午後七時より宮中で晩餐会があった。「五百余名、礼装、小礼装、デコルテー」と伊都子の日記にある。竹田宮の急逝はあったが、世間は第一次世界大戦の終結と平和の祝賀に湧いていた。

疲れも出たのだろうか、伊都子は体調を崩す。九月六日「めまひ、脳ひん血なり」、一一日「神経衰弱の方はよほどよけれども、腹胃は少々あしく」、二〇日「少々風を引きたるごとし、用心す」とつづく。一〇月一〇日には「盤瀬《いわせ》【雄一・産科】博士来診、少しく子宮はれ居る故、御薬さし上るとの事。其他養生方色々はなしてかへる」とある。二一日「けさおきれば神経痛にて頭の一部いたむ。しかし御陪食の御召ある故、をして出る」、伊都子は体調を崩しながらも宮中に出たのである。二二日「終日頭痛の神経痛にてここちあしく、夜アスピリンをのんでやすむ」とある。かなりつらい症状がつづく日々にあって、二五日夜中、伊都子は電報で遼陽の守正の発熱を知らされた。

午前二時ころ電報にて遼陽の殿下御風気にて御発熱、三十九度二分。演習地より御帰官《（ママ）》あ

らせられ御治療中のよし。実にこまりたる事。どうか一日も早く御快方にあらせらるるやう只々いのるのみ。

「此せつ日本でも流行性感冒流行」

遠く離れた守正の発熱で、伊都子は自分の体調どころではなくなった。日記には日々、守正の容体が記された。

日々容体は電報にて来る。御見舞のため人々来る。心ぐるし（10・26）
御体温下降し御脳の危険さる（10・27）
又々御熱上り、気管支炎併発のよし。心配なり（10・28）
今朝の電報は気管支炎の水泡音消失との事。御熱は高下あり（10・29）
今朝電報にて御熱御脈すべて御平常とならせられ、御平癒と伺ふとの事にて大に安心す（10・30）

この間の状況を、伊都子は自伝『三代の天皇と私』に、以下のようにまとめている。

十月下旬、満州から突然電報が参りました。

「宮様には演習の途中発熱、奉天宿舎にお帰りになったが、流行性のお風邪にて肺炎の恐れあり」

悪い知らせに驚き、早速お見舞品を発送したのです。飛んで行きたい思いをじいっと押さえねばなりませんでした。

軍としては奉天の日赤病院の山田院長と看護婦長に出張を依頼し、お手当て申し上げますとの知らせが続いて入ったのです。それからしばらくして、宮殿下には熱も次第に下りご快方に向わせられましたという嬉しい知らせに、ホッといたしました。

守正と伊都子　生母の実家で寂しく育った守正と、大家族でにぎやかに育った伊都子は、8歳違いながら精神的に深く支えあった。

「ホッと」した伊都子は、自分の体調不良も忘れて、皇族妃としての活動にいそしんだ。一〇月三一日の日記には「雨にていかがやと思ひしに御出門後の事とて予定の如く観兵式を行はせらる。午後、相かはらず御内儀にて祝宴、四時退出す」とある。この日は天長節（天皇誕生日）の観兵式で、雨だったが天皇がすでに門を出たので予定どおり行われたのである。一一月八日には「常磐会の恤兵《じゅっぺい》バザーに付、後楽園に行。方子同伴。中々よく出来、思はず買上品多し」とある。常磐会は学習院女子の同窓会組織で、上流夫人たちが提供した物品を買い上げ、その売り上げを戦地の兵士慰問にあてたのである。当時は、シベリア出兵のさなかであった。

その間も守正の状況が伝えられ、一一月一日には関東軍司令官の立花小一郎中将が宮邸に来て、伊都子は「一寸逢ひ、色々宮様の御病状」を聞いた。四日「宮様も追々御快癒のよし」。一一日「遼陽より電報にて、十八日大連《だいれん》御立に確定すとの事なりき」。一九日、伊都子は午前八時三〇分東京発にて、守正を迎えるため下関に直行した。二〇日、「午後十二時十分、小蒸気にて御機嫌よく御上陸、直にホテルに入らせられ御入浴其他にて何の御さはりなし」。

しかし、二三日に梨本宮家主治医の村地長孝《ながいたし》が診察し、「左下にラッセルを伺ひダク音あり、御のども少しあしく、なるべく御静養を願度との事」となった。それでも守正は帰国の挨拶もあり、二四日午前には久邇宮・閑院宮・田中義一《たなかぎいち》陸軍大臣・宮中などを廻り、午後は皇子御殿や、王世子・東宮などを訪問した。夕刻に、原敬《はらたかし》総理大臣から「明日、宮中にて親任式あり、正装にて御出まし」のことが伝えられた。

翌二五日、守正は参内して京都第十六師団長から軍事参議官に補せられた。伊都子は「実に有難き事なり」と書いた。単に昇進したというより、遠い遼陽の地で防衛任務にあたるよりは、軍事参議官として内地にいるほうが、心身に負担がかからないだろうとの配慮を感じたからだろう。守正は京都の官舎から本邸に戻れるし、伊都子も京都と東京の二重生活から解放されることもうれしかったろう。

こうして一一月二七日午前九時五〇分東京発で、守正と伊都子は大磯の別邸に向かった。伊都子は「無事、十一時四十分着、当分滞在のはづ。天気よく長閑《のどか》なりき。午後三時御入浴、何の御さはりもなし」と書いた。とはいえ万全ではなく、一二月七日に大磯まで診察にきた村地は、「よほどよろしけれども、まだラッセルのこれる故、一週間ほどは湿布遊ばされてよろしとのこと」と述べて帰った。二六日、娘の方子と規子も大磯に来て、一家は翌年一月一六日まで滞在した。

ちなみに、伊都子が直筆で書いた守

原敬（1856～1921）『原敬日記』によれば、1918年10月26日、北里研究所の祝宴に招かれ、その席でスペイン風邪に罹ったとある。

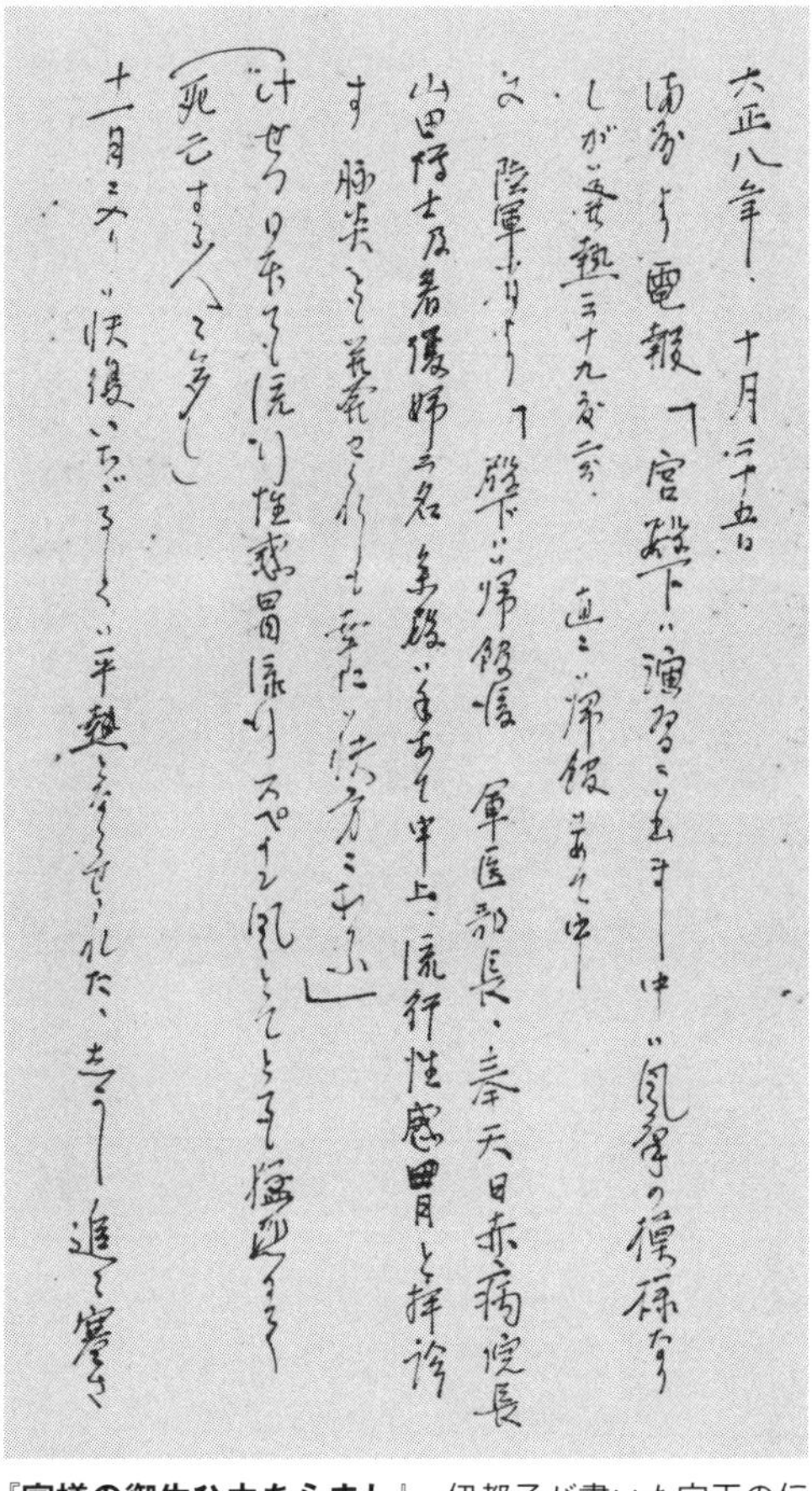

『宮様の御生ひ立あらまし』 伊都子が書いた守正の伝記。1874 年の誕生から、1951 年の逝去とその後までを描いた。伊都子は「宮様はまつすぐな性質でまがつた事が大おきらい」と書いている。

正の伝記『宮様の御生ひ立あらまし』には、「大正八年十月二十五日」の記事として、こうある。

満州より電報「宮殿下は演習に御出まし中、御風気の模様なりしが、発熱三十九度二分、直に帰館御【手】あて中」

又、陸軍省より「殿下は御帰館後、軍医部長、奉天日赤病院長山田博士及看護婦二名参殿、御手あて申上、流行性感冒と拝診す。肺炎をも併発せられしも幸に御快方にむかふ」（此せつ日本でも流行性感冒流行、スペイン風とてとても猛威にて、死亡する人々多し）

また、一一月二〇日のこととして「西沢属は同じく流感にかかり入院中」とある。守正の遼陽行きには、梨本宮御附武官の北條鎌吉、属の飛田・西沢、馬、馬丁、料理人などを連れて行ったが、そのひとりの西沢も感染したのである。

伊都子と千代浦

伊都子と梨本宮家の老女（侍女頭）である千代浦は、毎年冬になるとよく風邪をひいていた。スペイン風邪流行前の一九一七年（大正六）一月四日の日記に、「午後よりいつ子悪寒してここちあし、床をのべてあたたまる。七度八分ほどあり」とある。六日は「寒の入」で、「いつ子同様はなはだし、やはり床につきて養生す。千代浦も風気にてここちあしき様になれども、いつものがんこにて用心せず」とある。

伊都子は自伝『三代の天皇と私』で鍋島家から梨本宮家に嫁いだころを回想し、老女についてこう書く。

【久邇宮家】初代様の京都時代から勤めているという老女がまだ頑張っており、この方がお姑さんより煩《うるさ》い。御殿の外に出たことがないというのですから、俗世間は何一つ知らない。おうようなところもあるが、大変にみみっちい所もありました。新婚当初はその呼吸がわかりませんから少し派手なことをすると、

「大名とは違います」

それは厳しい顔で怒るのでした。

久邇宮家からは分かれたので梨本宮家の老女は別の人だろう。それでも老女たるもの、風邪をひいても頑固だった。七日の日記には「いつ子同様けふまで用心して床に居る。【中略】千代浦は八度一分も熱あり」とある。妃である伊都子は用心して床についていたので快復し、八日には「いつ子少々おきて見たく、あたたかくして居間まで起きてみる。前にかはりなくかへって気分よろし」と書いた。

いっぽう、同日の千代浦は「両三日前より風のここちにてゼーゼー云ひゐたれども例の中々がまんづよく、ストーブの傍にてぢっとしてゐたり、午後皆にて養生せよといひ、竹原【恭太郎・梨本宮家従】も来てあたたまれよとすすめたり。三時過体温三十九度一分あり。やうやう部屋に入りて床につく。夜医者をよぶ」という状態であった。宮妃と老女の立場の違いはもとよりあるが、千代浦が昔気質の人間でもあったのだろう。

九日、伊都子は快復して「常の如くす」とある。千代浦については「熱の下りたれども気管あしくシップをなすべしとの事」とある。

伊都子はこの年一二月一日にも風邪をひいた。「いつ子少々風引たり」とある。二日には「いつ子風つよくここちあしく」、三日になって「けふは大いに気分よし」とある。すぐに快復した。

ところが翌年一月も、伊都子と千代浦はまたも風邪をひいた。

一九一八年（大正七）一月一日、伊都子は午前六時に起きた。天気晴、寒暖二二度（華氏）と日記にある。華氏二二度は、摂氏だと零下五・六度である。この日は、梨本宮家は例年どおりの正月を過ごした。宮中でも例年どおり新年式が行われ、伊都子は夫守正と参内、昼は実家の鍋島家に寄り、午後ふたたび宮中に参内し侍立《じりつ》した。夕食後はカルタをした。就寝は午後九時。この日、賀状も届き、「諸々より新年状山と来る」と日記にある。

翌二日も午前七時起床、午前九時に家を出て宮中にて侍立し、正午に帰邸した。午後は着替えて、姻族の池田侯爵家（備前岡山）、仙石子爵家（但馬出石《いづし》）、東園《ひがしぞの》子爵家（羽林《うりん》家）はじめ、寺内正毅《てらうちまさたけ》（総理大臣）、大島健一（陸軍大臣）、波多野敬直（宮内大臣）、皇族の有栖川宮《ありすがわのみや》家、伏見宮家などの年始廻りをし、三時に帰った。有栖川宮と伏見宮以外の皇族とは宮中で会っているので、お互いに訪問はとりやめていた。

篤志看護婦人会　発起人には有栖川宮董子（ただこ）ら皇族妃や、鍋島直大侯爵夫人栄子（ながこ）ら華族夫人の名が連なる。栄子の次女である伊都子（右端）も積極的に参加した。

三日は風が強く寒かったが、午前中は羽根つきなどをした。夫の守正は宮中三殿での元始祭（天皇みずからが天皇の位の元始を祝って皇祖など諸神を祀る儀式）に参列した。

五日正午、新年宴会のため守正が参内、二時に帰邸すると、こんどは伊都子が宴会のため自動車で参内した。皇后は風邪のため欠席し天皇のみであったが、伊都子は料理を食べて三時四〇分に帰った。

この日、守正は午後九時五〇分東京発で京都に帰任した。陸軍中将で京都第十六師団長の守正は、単身、京都深草の官舎に戻ったのである。

八日の天気は晴、零下八度であった。「まれなる寒気にて地方雪多し、【新潟の】高田方面一丈八尺【約五・四メートル】との事」と伊都子は記した。この日は三味線の弾き初めで、「にぎにぎしく」過ごした。

一四日、伊都子は葉山の有栖川宮妃慰子《やすこ》を訪ねた。駅から迎えの自動車で宮邸に行き、昼を食べて二時半まで過ごした。有栖川宮家は一九一三年に当主の威仁《たけひと》が他界し、男子の継承者がなく、先代の熾仁《たるひと》妃の董子《ただこ》と慰子だけが残っていた。帰りがけに北白川宮邸へも立ち寄ったが、留守であり、伊都子は四時一八分の逗子発で帰京した。

一六日午後、伊都子は愛国婦人会初会のため九段の偕行社《かいこうしゃ》に出かけ、余興の活動写真などを見て五時過ぎ散会。風つよく寒気がつよかった。「金十円愛国婦人会初会に付下賜」とある。

一八日午前、宮中にて歌御会始があった。午後は赤十字社篤志看護婦人会の初会で、余興に二代目大島伯鶴《おおしまはっかく》の講釈「度々《どど》平《へい》住込」や鋏《はさみ》の早業、茶菓、福引などがあり、伊都子は篤志看護婦人会へも一〇円下賜した。また日記には、「久邇宮良子女王は東宮妃に冊立《さくりつ》の御内定あらせらる」とある。久邇宮良子（のちの香淳《こうじゅん》皇后）は、伊都子の夫守正の兄邦彦《くによし》の長女であり、義理の姪にあたる。ちなみに、この年の巡査の初任給は一八円だった。

そして、一九日午後、外出から帰った伊都子は電話で仙石素子の発熱を聞く。


三十九度より四十度にのぼり脈百三十にもなり危険なる御容体にあらせらるよし。

仙石素子（1876～1918）久邇宮邦彦（くによし）・池田安喜子・竹内絢子・梨本宮守正の妹、朝香宮鳩彦・東久邇宮稔彦の姉。

仙石素子は伊都子が年始廻りをした仙石子爵家の夫人であり、久邇宮朝彦《あさひこ》の六女で、伊都子の夫守正の妹にあたる。当時、守正より二歳下の四二歳、伊都子より六歳上の義理の妹である。夫で宮内官僚の仙石政敬《まさゆき》は、前年一二月に子爵家を継いだばかりであった。

正月に会ったばかりの義妹の急病に、伊都子は翌二〇日使いを出し、「やはり御熱高く御脈あしく今日中が危険である」との報告を聞き驚いた。

義妹・仙石素子の風邪

伊都子は義妹の急病を知り、一月二〇日の日記にこう書いた。

まづ取あへず午後早々いつ子御見舞に行しに、思ひの外御重体にてほとんどおぼろのやうになり一寸伺ひしにやうやう御気のつきしやうなり、どうかしばしにても御もて遊ばすやう、

「守妙」の広告チラシ　守田治兵衛（じへえ）商店の商品のひとつ。「振り出し薬（ティーバック方式）」で、感冒・頭痛・神経衰弱・気管支カタル・腰足冷え込み・婦人病などに効能があった。

いのりいのりつつかへる。

翌日、仙石家より使いがきて「素子様も午前四時とうとう薨《こう》ぜられしよし取あへず申上る」と伝えられた。伊都子は「実に御いたましき事なり」と書いている。伊都子は午前に梨本宮家御用取扱の桜井鉚子《りゅうこ》と仙石家を弔問、午後に老女の千代浦を使いに出し仙石家に御重四段を届けさせた。二二日午後五時、伊都子は仙石素子の入棺式に参列、拝礼して読経中に退出した。

その二日後の二四日午後、伊都子の母鍋島栄子と義理の姉禎子（兄の直映《なおみつ》の妻で、筑前福岡の黒田長成《ながしげ》侯爵の妹）、弟の貞次郎が「喪中御尋ね」に来邸した。そしてこの日、伊都子も風邪をひいた。

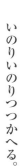

伊都子少々のどわるくせき出たる故、用心して足をあたため七時半ころから床に入り、守《もり》妙《みよう》をのみてあたたまる。

守妙は感冒や足腰の冷えなどに効能のある婦人薬で、伊都子は常備していた。

二五日、伊都子の体調は悪化。

午前二時ころあまりあつく、くるしき故、体温をかけ見るに三十九度一分あり。早々水にてのどより胸にかけシップしてねる。やはりくるし。午前七時ころ三十八度三分、早速村地をよびたるに十時ころ来り。やはり流行性感冒のよし。其手あてし、吸入などする様にとてかへる。

村地は村地長孝、伊都子の主治医で、当時は第二皇子の淳宮雍仁（のちの秩父宮）の侍医もつとめていた。

二六日、「朝三十七度六分。一日かわりなし」と伊都子の熱はつづいた。この日、仙石素子の葬送があったが、伊都子は棺前祭も、火葬場も行けず、御用取扱の桜井が代理で出た。

二七日の伊都子の日記にはこうある。

三十七度二三分にてあまりかはりなし。千代浦八度七分ほど熱あり、村地来診の序《ついで》に見舞ふ気管支カタルのよし。

老女の千代浦まで「気管支カタル」になったのである。

二八日、伊都子も千代浦も一進一退がつづいた。

今日より三十六度八分になる。大分によき方なれども気分はつきりせず。千代浦けふはよけれども気分あまりすぐれぬよし。

二九日、伊都子と千代浦は快方に向かうが、ほかの使用人たちも風邪をひいた。

やはり三十六度三分なり大分によさそうなり。午後村地来診、此分ならば一日も早く転地した方せきのためよろしからんとの事故《ことゆえ》、早速其手はづをきめ、臼井【兵作・梨本宮付宮内事務官】は明日大磯の方へ遣す事にせり。表は竹原、臼井、石井【ヤス・侍女】のみにてあとは皆風にて引、奥も皆々風引。千代浦少々よろし。

宮家の職員たちも公的な仕事の表、私的な仕事の奥があり、職員たちは表の竹原・臼井・石井をのぞき、表も奥も風邪をひいていた。伊都子は大磯の別邸で静養するため、臼井を下見に出したのである。

三〇日、伊都子は大磯へ行く準備をする。

やうやう熱もおちつき、昨日も今日も三十六度代になりたれども鼻つまり何となくここちむずむずす。荷ごしらへぼつぼつしてくらす。床の内にて色々こしらへす。

三一日午後一二時四〇分東京発で、伊都子は大磯に向かった。三時に着き、「わりにあたたかく気分もよく、それぞれ荷物を納め、八時半寝る」「夕も御膳おいしく、夜六度三分なりき」とある。

義妹の仙石素子の風邪の感染かどうかはともかく、同時期に伊都子・千代浦・梨本宮家職員たちの多くが風邪をひいたのであった。スペイン風邪流行の前年ながら、伊都子周辺では多くの者が熱を出していた。

速水融『日本を襲ったスペイン・インフルエンザ』は、スペイン風邪の最初の記録は、一九一八年三月四日のアメリカ合衆国カンザス州ファンストン基地の病院で発熱・頭痛を訴えた患者としている。日本では同年四月に台湾巡業中の大相撲力士が病死したのが、最初のスペイン風邪である可能性があると指摘する。それ以前の日本でのインフルエンザは、どこでも毎年流行するものであり、ある程度の死者を出すことは異常ではなかった、これらは何十万人の命を奪う悪性の大流行にはならなかったという。その意味では、この時期の仙石素子や伊都子らの風邪はスペイン風邪でなかったことになる。

皇太子裕仁の感染

皇太子裕仁《ひろひと》もよく風邪をひいた。『昭和天皇実録』によれば、一九一八年一月九日に風邪をひいたとある。「東宮侍従日誌」「行啓録」「拝診録」の記事をもとに、以下のように書かれている。

十日　木曜日　昨夜来御風の症状につき、御仮床になる。

この風邪のため、一一日の沼津での東宮学問所第四学年第三学期始業式には臨席しなかった。学課は当分休課となった。二一日に授業が開始されるも、午前一〇時始業の三時限授業とし、武課・体操・馬術・朝間体操は休業となった。また、二二日から二月九日までは、用心のため沼津御用邸東附属邸への通学を控え、西附属邸食堂を教室に充てた。しかし、この時期の風邪はいわ

テニスをする裕仁　裕仁は相撲・乗馬・ゴルフのほか、テニスも好んだ。1924年には赤坂離宮の新設コートで、裕仁・良子ペアと雍仁・梨本宮規子ペアでプレーしている。

ゆるスペイン風邪とはみなされていない。

皇太子裕仁が「流行性感冒」（スペイン風邪）に罹《り》患《かん》したと診断されたのは、この年の一一月三日である。『昭和天皇実録』には、こうある。

三日　日曜日　午前十時御出門、新宿御苑に行啓され、供奉員・出仕をお相手にゴルフをされる。御体調不良のため、予定を早め午後一時十五分御出門で御帰還になる。流行性感冒と診断され、直ちに御仮床にお就きになり、以後十五日の御床払まで安静に過ごされる。

これにより東宮学問所への登校は一八日からとなった。また、九日に予定されていた近衛師団機動演習視察のための茨城県土浦付近への行啓は中止となった。

この間、一九一八年一月一四日に皇太子裕仁と久邇宮良子との結婚が内定しており、その後、島津家の色覚障害を問題にした宮中某重大事件、二三年の関東大震災や皇太子暗殺未遂の虎ノ門事件による延期など六年の長い婚約期間を経て、二四年一月二六日に結婚する。

東宮学問所　学習院初等科を卒業した裕仁の個人教育のための学校。1914年、高輪の東宮仮御所敷地内に設けられた。下は教室内部で、前列中央が裕仁の席。その両脇と後ろの3席が学友の席。後列の背もたれのない椅子は参観席。

久邇宮邦彦の弟である梨本宮守正は久邇宮良子の叔父にあたり、つまりは良子の結婚で皇太子裕仁の叔父ともなった。

「ハヤシシス」

スペイン風邪による皇族唯一の死亡者である竹田宮恒久が急性肺炎で亡くなるのは、皇太子裕仁が流行性感冒に罹った五か月後の一九一九年四月二三日である。この五か月のあいだに、梨本宮家でも、次女の規子、伊都子自身、老女の千代浦が風邪をひき、伊都子は例年にない緊張のなかで日記を綴った。

次女の規子が風邪をひいたのは、李太王が急逝し、長女方子の結婚が延期になった一九一九年一月二三日の翌日であった。伊都子は結婚延期で、「何事も手につかず、ただぼんやりしてくらす」と書いたあと、「規子少々風気にて七度一分朝ありし故、用心のため床に入りあたたまる。夜六度五分にて大した事なし」とつづけた。幸い、規子は快復し、翌日の日記には「格別には事なく、元気にて学校へ行く」とある。

ところが二五日、こんどは伊都子自身が熱を出した。日記にこうある。

けふは朝八度二分あり、おどろき三輪【信太郎・三輪延壽堂病院長】へ電話す。午後参ると

の事。午後、三輪来り、診察。風の方は何も異常なく、御熱は御できのためならん。ホーサンの湿布をなす様にとの事。

しかし、たんなる腫《は》れだけではなかった。二七日「いつ子も少々風気にて、はなつまりこまる」とある。三輪が連れてきた五島という外科医が、伊都子の脚の腫れを診たのだが、さらに五島は風邪への用心も述べる。「少々気管支に故障ある故、湿布した方よろしからんとの事なりき。吸入もするようにとの事」と伊都子は書いた。早期の対応がよかったのだろう、翌日、伊都子は快復した。とはいえ、時期が時期だけに慎重を期したようすがうかがえる。

二月二日夜、伊都子は夜行で京都深草の守正の官舎に向かい、翌三日午後、京都に着いた。一五日、東京よりの手紙で、規子がまた発熱したことを聞いた。さらに一七日の日記にはこうある。

東京より手紙、規子も平熱になり、よろしきよし。方子も村地拝診、三輪と同様格別事なし。用心のため床に。

夕、村地京都に来りしよしにて、いづこよりか電話かけ、方子も格別の事なきよし。

伊都子は二人の娘を持つ母として、夫の赴任先であれこれと気をもんでいたのである。さらに同じ日の日記の末尾には「千代浦発熱せしよし」と書かれた。

そして、二〇日に方子より手紙が届き、「快方のよし」が伝えられた。しかし、「千代浦赤十字病院へ入院せしよし」ともあった。二六日にも東京より「方子、規子も快く、のりも登校せしむね」の手紙が届いたが、千代浦の病状悪化も伝えられた。日記にこうある。

千代浦は入院後不良にて、甚しき気管支カタルにぜん息あり。呼吸困難のよし。心臓もよわり居るとの事。何時まひをおこすや斗《はかり》がたしと医師の診断なり。

二八日午前九時五〇分ごろ「ハヤシシス」の電報があった。「おどろきたり。林は千代浦なり、遂に死去せるか、アー」と、伊都子は書いた。

猛威を振るう「流行性感冒」

罹患のピーク

内務省衛生局編『流行性感冒』は、「前後三回の流行に於《お》ける患死者総数」を算出している。前後三回とは、先に示した一九一八年から二一年までの第一期、第二期、第三期の時期のことである。これによれば、前後三回の流行をとおしての総患者数は二三八〇万四六七三人、死者は三八万八七二七人とある。人口一〇〇〇人に対して患者は四一五・八六五人、死者は六・七五人であった。

内務省では、一九一八年八月から二一年七月までのほぼ月ごとの患者と死者の数を整理した。そして、第一回の流行では全人口の約四割の患者を出し、とくに一九一八年一〇月より一二月に多数の発生をみたとした。患者の死亡率は一・二二パーセントで、ほかの流行時にくらべれば最低であるが、患者発生が多数であったため、人口一〇〇〇人に対する死亡率は約四人と、最高数だった。

第二回の流行では患者数は第一回流行の約一〇分の一であるが、患者の死亡率は五・二九パーセントでほかの流行時にくらべてもっとも高くなり、人口一〇〇〇人に対する死亡率は約二人となった。

第三回の流行では患者数がもっとも少なく、人口一〇〇〇人に対し四人であり、死亡率も一・六五パーセントに下がったとする。

「人口千に対する患者」を見ると、もっとも多いのは一九一八年八月下旬より一九年一月一五日までの五か月間で三三六・二九人であった。月ごとでは、一九二〇年一月の二三・〇六、ついで一九年二月の一五・七四、三番目が二〇年二月の一〇・〇七となる。一九年二月は梨本宮家老女の千代浦が罹患して亡くなった月である。

「人口千に対する死者」は、一九一八年八月下旬からの五か月が三・五八人、月ごとでは、一九二〇年一月が〇・九五、二月が〇・六七と、この二か月に集中している。

「患者百に対する死者」は一九二〇年三月が一〇・八六、四月が一〇・七二となっている。

一九一八年八月下旬から五か月間、そして一九二〇年一月から四月に、患者や死者がもっとも集中し、この時期が「流行性感冒」（スペイン風邪）の日本でのピークと考えることができよう。

なお、速水融『日本を襲ったスペイン・インフルエンザ』は、内務省の統計には不備があると指摘し、その数はもっと多いとする。前述したように内務省と速水の時期区分は微妙に違ってい

感染防止のポスター　「マスクをかけぬ命知らず！」「外出の後はうがひ忘るな」などとある。マスクとうがいが奨励されたが、外出や密集は禁じられなかった。

るが、内務省の第一期が速水の「前流行」、第二期が「後流行」とほぼ重なっている。速水は、流行が下火になった第三期の死者を例年の「流行性感冒」なのか「スペイン風邪（スペイン・インフルエンザ）」なのか断定できないとして、あまり重視していないのであるが、両者はおおよそ同じ区分をしているともいえる。

速水も内務省の統計に基づき、「前流行」においては全人口の四割近くが罹患したが、罹患者の死亡率は一二・一パーミル、すなわち患者一〇〇〇人につき一二人強だった。人口の多数が罹患したので、罹患者の死亡率が低くても死亡者は多数になったとする。「後流行」では、罹患者は全人口の四パーセント強とはるかに少数であったが、罹患

感染防止のポスター　「『テバナシ』に『セキ』をされては堪らない」などとあり、家庭内感染を警告した。

者の死亡率は五二・九パーミル、すなわち患者一〇〇〇人につき五三人弱であった。この致死率はペストやコレラにくらべればはるかに低いが「前流行」時の五倍に達しており、「当時の人々にとってたいへんな恐怖であったに違いない」と指摘する。

速水はその上で、「もしスペイン・インフルエンザがこの時に日本に襲来しなかったら、死亡せずに済んだ結核患者、肺炎・気管支炎等の呼吸器系の疾患者が多数存在し、それがインフルエンザによって命を絶たれる結果となった」人びとも、死者数に入れたいと提案する。そして、速水は「前流行」で二六万六四七人、「後流行」で一八万六六七三人、合計四五万三一五三人が亡くなったと試算する。これは内務省の第三期を除いた合計三八万五〇二九人を超える数である。内務省の第三期の死者数は三六九七人であるから、これを合算しても三八万八七二六人であるから、六万人ほどの差がある。

もっともそうした数値の差はあっても、一九一八年八月下旬から五か月間と、一九二〇年一月から四月にかけて流行の二つのピークがあったことは疑いがないだろう。

一九二〇年一月から四月の流行については、たとえば、先の倉富勇三郎の日記からもうかがえる。一九二〇年一月当時、宮内官僚である倉富の身辺では「流行性感冒」にかかわる話題が急激に増えたことが、読み取れるのである。

倉富周辺の騒ぎ

一九一九年九月二九日、宮内官僚であった倉富勇三郎《くらとみゆうざぶろう》は耳鼻咽喉科(高成田渉)に電話して診察時間を聞いた。咽喉を痛めていたのである。この日の夜、「咽頭筋怒張。唾液を嚥《の》むに困る。湿布を以て頸《くび》を包む」と書いた。翌日午前から毎日のように、高成田医院に通って咽喉の治療に務めた。

一〇月二〇日にも病院に通い、五、六年前より仰臥するときに気管が塞がることがあることを告げた。高成田は、多年の慢性カタルで咽喉の機能が弛緩《しかん》したためと述べた。その後も高成田のもとに通うが倉富の咽喉は快復せず、一二月三日、東久邇宮稔彦を迎えに行った上野駅で声がかすれ、宮邸で東久邇宮と話すときにさらにかすれた。

その後、帝国ホテルでは咳が多くでた。就寝後には悪寒がした。倉富は「今朝高成田渉の家に行き、咽喉を療したるに効能なきこと此《かく》の如《ごと》し。医は信ずるに足らず」と書いた。二か月も治療したのに悪化していたのだ。その夜、熱を出し、翌朝も三七度三分あった。「時に激しく悪寒あり」。

風邪を併発したのかもしれないが、倉富は食欲もあり、晩酌もいつもどおりした。

一二月七日、倉富は高成田からの帰り、坂田稔の診療を受けた。坂田は昨夜の入浴がよくないと述べ、薬をくれた。この夜から倉富は吸入をし、咽喉に湿布を巻いた。一〇日からは吸入と半身浴をし、一九日までつづけた。この間、帝室会計審査局長官や東久邇宮宮務監督としての公務をはじめ、皇族や華族にかかわる私的な諸問題への対応などをした。

「流行性感冒」の二度目のピークとみなされる翌一九二〇年一月、倉富の周辺でも風邪の騒ぎがふえる。倉富日記の一月五日には、「金井【四郎・東久邇宮付】事務官は二日より風邪にて引籠り居る」とある。

七日、東久邇宮聡子《としこ》妃の妊娠六か月が判明、侍医の鈴木愛之助は、「最大の懸念は感冒なり。妊娠中の感冒は大概不結果に終はるに付、是丈《これだけ》は是非とも予防せざるべからず」と、侍医寮での予防注射を勧めた。聡子妃も「予防注射を成さるる方、宜《よろ》しからんと思ふ」と答えた。倉富は「如何《いか》なる反応ありや」と心配したが、鈴木は「一時に多量を注射すれば発熱するも、隔日位に少量を注射し、三、四回に注射すれば安全なり」と述べた。このとき妊娠していた胎児は東久邇宮稔彦《なるひこ》三男として五月一三日に無事に生まれ、彰常《あきつね》と命名された。のちに陸軍に進み、粟田《あわた》侯爵となった。

一〇日、金井四郎が久しぶりに宮内省に来た。「先日より感冒に罹《かか》り、漸《よう》やく回復したるも、未だ東久邇宮邸には行かず。妻も十二月三十日には熱高く、心臓衰へて、一時は懸念せりと云ふ」とある。倉富周辺は「流行性感冒」(スペイン風邪)の広がりを肌で感じていただろう。

この日、倉富の妻も感冒に罹った。倉富が家に帰ると、妻の内子(本名は宣子《のぶこ》。倉富は古代中国で卿大夫の嫡妻を意味する「内子」を妻の称としていた。以下、日記表記のまま「内子」と記す)が熱を出して寝ていた。「寒さを覚ふるに付、就褥《しゅうじょく》せり」とある。翌一一日、かかりつけの坂田稔が来診して「普通の感冒」と伝えたが、一二日になって坂田は「其病症は流行性感冒なり」と診断した。

倉富の妻が病になったため、看護婦を見つけるまで、雇を解く予定だった徳が看病のため残ることを申し出た。倉富は宮内省への出勤を休み、妻の看護をすることとした。その際、徳の申し出で、ほかの使用人らとともに坂田のところで感冒予防の注射を受けた。ところが徳も体熱が三九度二分余と高く、内子は自分がうつしたのではとしきりに憂えた。しかも徳の妹が、徳を訪ねてきて徳の病を知り、徳の母が徳の看病に来る騒ぎとなった。この日の徳の体温は四〇度余になったとある。

一四日、内子の体温は三九度前後となり、咳《せき》も多く、夜は咳のため眠れなかった。じつは、この日の午前、元朝鮮総督府度支部《たくしぶ》長官で貴族院議員の荒井賢太郎の妻カズヱから電話があった。荒井賢太郎は倉富の長男で朝鮮銀行員であった鈞《ひとし》の妻フジの父であり、姻戚であった。電話でカズヱは「新年来無沙汰に打過ぎたるは、家内に流行性感冒患者多かりし為《た》めなり」と述べたのである。さらに「看護婦二人を雇ひ置きたるも、最早病人は快くなりたる故、今日一人を返したる位なる故、安心せよ」と告げた。倉富は看護婦を探していたところでもあり、その看護婦を求めた。しかし、カズヱは、その看護婦は貴族院議員の阪谷芳郎《さかたによしろう》の家で看護婦が必要だったのでそちらに遣わしたので、ほかに心当たりを探すと返事をした。

とはいえ、看護婦不足だったのだろう。翌一五日、カズヱは、電話で、「看護婦は処々問合せたるも、一人も之《これ》を雇ふことを得ず」と述べ、さらに、「只今自家に雇ひ居る看護婦は伎倆《ぎりよう》ともに宜《よろ》しからざるも、なきに勝るべし。自家にては是非看護婦を要する程に非ざる故、之を貴家に遣はすこととなすべし」と提案した。倉富は、「是非之を遣はし呉《くれ》よ」と喜んだのであった。よほどひどい看護婦だったのだろうか、カズヱは、午後も電話にて「只今看護婦を貴家に遣はしたり。本人は甚だ不十分にて、所詮気に入らざるべきも、此際致方《いたしかた》なき故、辛抱し呉よ」と念を押してきた。

この間にも、内子の病状は悪化し、坂田稔のほか、多納《たのう》病院長で内科医の多納栄一郎にも診察してもらい、荒井賢太郎も荒井家かかりつけの内科医の向野《こうの》鶴吉に診察させた。治療法としては温布での温補と血清注射がなされた。また、看護婦も一人では不足であろうから荒井が懇意の青山の看護婦と相談することとなった。しかし、青山の看護婦も髪を結って倉富家に向かおうとしたが発熱してしまい、代わりの者を探すありさまだった。他方、坂田が模範看護婦会に頼み、斎藤キクという看護婦を派遣してもらうこととなった。このキクも去って、看護婦会から代わりの者が来た。倉富家では複数の看護婦は必要なく、どの看護婦を雇うかで右往左往した。

軍隊で罹患した秩父宮

「流行性感冒」がピークに達した一九二〇年一月、大正天皇の次男である秩父宮《ちちぶのみや》(当時は淳宮雍仁)も罹患した。その経緯は『雍仁親王実紀』にくわしい。

秩父宮は一九一八年七月一三日に陸軍幼年学校予科を卒業し、陸軍中央幼年学校に入学した。一九二〇年三月二三日に陸軍中央幼年学校を卒業、四月一〇日に士官候補生として歩兵第三連隊に入隊した。秩父宮が流行性感冒に罹ったのは、一九二〇年一月、中央幼年学校在学中のときであった。

『雍仁親王実紀』の「大正九年(西紀一九二〇)御齢十九」の項には、以下のようにある。

一月

一日　新年御儀式あり。

〔流行性感冒猖獗《しょうけつ》を極む〕

陸軍士官学校運動会での秩父宮　前から２列目中央が秩父宮。スペイン風邪は快復したが、その後のレントゲン結果は思わしくなく、のちに肺結核と診断された。

六日　中央幼年学校の勅語奉読式に臨まる。

十一日　士官学校生徒中に若干名の流行感冒患者発生のため、東皇族舎の出入改めらる。

十二日　流行予防注射遊ばさる。学校一般に口蓋《こうがい》使用。

十六日　御違例《いれい》（流感、気管支肺炎初期の症状あり、三月四日に至る）。

十七日　御咽喉より血清注射材料を採取。

二十日　御容体書発表、皇后より連日スープ御下賜。

二月

十一日　初めて御起座。

二十四日　御吐逆あり。

二十五日　御歩行始めらる。

二十七日　御吐逆あり。

三月

三日　御快癒につき初めて御入浴。

四日　御仮床を撤す。

一月一一日にある「東皇族舎」は幼年学校に在学する秩父宮のための寄宿舎で、一九一七年五月二五日に竣工した。幼年学校と士官学校の中間の位置に建てられ、両校に在学する期間を通じて一般兵士と起居を別にして使用するための、皇族用の特別な宿舎であった。老樹に囲まれた静かな環境だった。秩父宮はここから授業や演習に出た。この一一日に、士官学校生徒に罹患者が出たので、一般兵士の東皇族舎の出入りが制限されたのである。

一二日にある「口蓋」とは、マスクのことである。一般庶民は流行性感冒のため口蓋の使用を奨励され、口蓋の値が上がった。

当時、宮内省レントゲン係として勤務していた田中金司は、秩父宮が流行性感冒に罹ったときに秩父宮に仕えた。田中は秩父宮のようすをこう回想する。

御床払の日、村地【長孝】侍医は皇后に拝謁、殿下の御身体は決して御油断の出来る御身体

ではない旨申上げて居た。数日後青山レントゲン室で病後の健康診断のためX線写真を撮った時、殿下は「村地がどんなに頑張って治療してくれても、俺に寿命がなければ治らないよ」と仰《おっ》しゃった。

梨本宮伊都子の主治医であった村地は、秩父宮の侍医もつとめ、秩父宮の流行性感冒も診ていたのである。

秩父宮が流感に罹ったとき、日赤中央病院からは四名の看護婦が推薦されて看病した。七〇歳ぐらいの総婦長、婦長、若い看護婦二人で、秩父宮は若い看護婦のひとりが気に入りだったという。総婦長が吸入をしても従わないので、総婦長は数日で帰ってしまったらしい。気に入りの看護婦が食事の給仕をすると食べ過ぎて吐いたこともあった。うがい薬も御殿の内廷掛が出しても使わないが、気に入りの看護婦が世話すると何回でもした。そのため薬剤師が何度もうがい薬を調整したという。死の恐れもある病気を患《わずら》った、まだ二〇歳前の独身青年皇族のささやかなわがままだったのだろう。

当時、治り間際の兵士の血液をとって血清をつくり、秩父宮に注射したいと皇后に申し入れた。しかし皇后はなかなか承諾しなかった。その日、八代豊雄侍医が午後三時から待機していたが、いったん帰宅した。七時ごろになって、九時から一〇時までの間に注射せよとの通知が皇后から来たので、一同は茫然とした。のちにその理由は、皇后がその時間のあいだに「賢所で御安泰の御祭り」をするからと伝えられた。

皇后と秩父宮は誕生日が同じ六月二五日であり、相性もよかったという。次男ではあるが、そのことが長男よりも愛情を直接伝えやすかったともいわれる。しかも秩父宮は皇太子につぐ、皇位継承第二位の皇族男子である。秩父宮が亡くなれば、皇位継承順位も変わってしまう。皇后の心配は深かったろう。とくに、病因もわからず、治療法もまちまちであった当時、まして素性もしれぬ「治り間際の兵士の血液」の血清を注射することは、皇后には大きな冒険だったはずだ。

血清注射の効果があったかどうかは不明だが、秩父宮は快復して床をはなれた。しかし、その後のレントゲン検査は必ずしも良好ではなかった。「御前胸部Ⅲ・Ⅳの間にラッセル少々」「左Ⅱ肋骨胸骨に近く抵抗、右背下部に濁音奉伺、先般御異例の残りと拝察。左Ⅲ肋間に少数のラッセル奉伺」「御胸部左Ⅲに少数、右Ⅳに極めて少数の軟性ラッセル奉伺」と、長く胸部の異状が残った。

さまざまな治療法

スペイン風邪流行当時、人びとは目の前で起きている現象の説明ができないでいた。風邪とは思うが、いつもと違う風邪というのが多くの人びとの印象だったのではないか。新聞報道でも、奇病・流行性感冒・悪性感冒・悪感冒・西班牙風邪・大正熱・力士病・軍隊病など、さまざまな呼称が使われた。

　そもそもの病原がわからず、その病気の経過も想定外であるのに、治療法は従来の風邪を前提にした処方がなされた。ときに病原菌が発見されたという報道もあったが、実際には誤認であり、スペイン風邪の病原が新型のインフルエンザ・ウイルスによるものであることが判明するのは、七〇年後の一九九〇年代になってからであった。そのため、今日ではスペイン風邪と称さず、スペイン・インフルエンザと称する論者も多いが、当時の認識からすれば「風邪」、それも「悪性の風邪」というのが実感だったと思う。

　だからこそ、人びとは死者の増大を前にしても、マスク・うがい・手洗い程度の励行ですませ、デパートや興行などの混雑を避けることはしなかった。宮中でもよほどの事態にならなければ行事の中止はなかった。

　当時のこの「たちの悪い風邪」への動揺は、内務省が予防・治療の適当なる方法として、学者・臨床家らに意見を求めた回答の療法の多種多様さからもうかがえる。内務省は北里研究所・横須賀衛戍《えいじゅ》病院・程谷紡績工場はじめ五九か所からの回答を得た。その療法は一か所で一つないし二、三の複数の方法が提示された。

　その療法の有効性はともかく、こうした記録が残されたことに重要な歴史的意義を感ずる。しかし、その多様性には驚かされる。療法の多様性は、病原が解明されていないことの裏返しでもあったろう。一筋縄ではいかなかった流行性感冒の姿をあぶりだしてもいる。

以下、紹介すると、「安静」とのみ書いたものが三件ある。療法というより治療放棄に近い。さらに「安静・便通」が一件、「看護」が一件。「解熱剤を用ひざること」が一件ある。「解熱剤制限」が二件、「解熱剤厳禁」「早期解熱剤禁止」「解熱剤禁止」もそれぞれ一件あり、解熱剤を用いることに否定的だったことがわかる。「下剤」は二件、「興奮剤」が一件、「カンフルの持続的使用」が一件あった。そのほか、「強心剤」が六件ある。他方、「新鮮の空気」「自宅療養」「安眠」「湿度」「温度注意」などもある。

オーソドックスな治療としては、「酸素吸入」が六件ある。注射は、「生理的食塩水血管内注射」「濃厚食塩水静脈内注射」「ツベルクリン」「クロールカルシューム静脈内注射」などがあり、たんに「食塩水」としたものが二件、「リンゲル液」「カルシューム液」としたものもある。

北里研究所での感染予防液製作　私立伝染病研究所の初代所長であった北里柴三郎は、1914年に港区白金に北里研究所を設立した。

血清も多様にあり、「ヂフテリー血清」三件、「インフルエンザ血清」二件、「免疫血清」二件、「治療血清」「ヂフテリー恢復患者血清」「肺炎菌血清」「バイフエル免疫血清」「混合血清」「血清療法」「恢復患者血清」「健康血清」「血清」など、多様だった。

「ワクチン」とするものも二件あるほか、キニーネ、レミヂン、コロイド銀、安息香酸ナトリウムカフェインのほかさまざまな薬が使われ、生薬系の桂皮《けいひ》（シナモン）・茴香《ウイキョウ》・橙油のほか、カラシ泥、はては玉子酒まであった。それぞれの症状を和らげるための努力の跡がみられるが、本質的な解決になっていない印象は否めない。そうしたなかで、北里研究所はインフルエンザ菌血清・肺炎双球菌血清を治療に用いたが、それすら試行錯誤のなかであった。

つまり、一九一八年当時、北里研究所は「流行性感冒」の原因はプファイフェル菌であるという立場をとり、この菌のワクチンを製造したのである。他方、帝国大学伝染病研究所はプファイフェル菌・肺炎双球菌のいずれもが原因と決めかねる見解であったが、両方の菌に対する混合ワクチンを製造したという。

最終的に北里研究所は二四八万人分、帝国大学伝染病研究所は二四九万人分のワクチンを接種したが、内務省衛生局はワクチンに効果はなかったとした（山内一也「インフルエンザウイルスを最初に発見した日本人科学者」『科学』二〇一一年八月号）。

なお、当時の北里研究所が血清製造で多忙であったようすが、先の倉富日記の一九二〇年一月一八日にもある。倉富の妻の内子が風邪で寝込んだとき、倉富家かかりつけの医師である坂田稔が、医師の大谷周庵の息子が北里研究所で血清の製造に従事しているので、その息子に内子への血清注射を依頼した。しかし、「昼夜寸暇なき為同僚と申合せ、研究所々員の依頼の外《ほか》、一切往診を謝絶し居る故、依頼に応じ難し」との返事だった。息子は父の周庵ならば依頼に応ずると述べたが、周庵はかつて内子を誤診したことがあり、内子の信頼がないので、倉富は断ったという。

いずれにせよ、当時の第一線の医師たちでさえ、病原が明らかにならないまま奮闘しつづけていたのである。まして、医師ではない一般庶民や、多少の知識はあっても医学的には素人に近い宮内官僚たち、さらには皇族の梨本宮伊都子などには、病因はもとより、目の前で起きている事態の意味を理解することはできなかったろう。

大正天皇の病状悪化

倉富が妻内子の看病で慌ただしかった一九二〇年一月一八日午後六時ごろ、元広島控訴院検事長の矢野茂の親族から電話があり、一五日に茂の長女の桜田浪子が流行性感冒で死去し、さらに一八日に茂の妻も同じ症状で死去したとの訃報が届いた。倉富は「自家にも病人あり、往《ゆき》て弔し難き旨」を答えた。とはいえ、幸いにも一八日午前に徳が快復し、翌一九日に内子も快復した。こうして倉富は二三日に久しぶりに宮内省に出勤した。

二月一日、倉富は東久邇宮宮務監督を免ぜられ、その挨拶を東久邇宮属官の木寺真蔵に伝える。「内子の感冒未だ癒へざるを以て、敢て殿下に謁せず」と日記にある。そして二五日の日記にはこうある。

一月九日内子が流行性感冒に罹りたるときより二月二十五日までの日記は随時之《これ》を記せず。之を追記したるを以て脱漏及び日時の相違多かるべし。

書き魔ともいえる倉富も日記どころではなかったようだ。さらに、「今日頃より毎朝冷水摩擦《れいすいまさつ》を始む」ともある。将来にむけて風邪の予防に務めようとしたのだろう。

ついでながら、この日の日記に、倉富が荒井に貸した「酸素圧搾缶《あつさくかん》」が返ってきたとある。そのため倉富は、酸素の残りを放散して、銀座の酸素会社に返したという。保証金に五円とられていたが、これが返されなかった。午前八時より午後四時までになければ、返さないらしい。看護婦派遣やら、酸素圧搾缶の返金やら、一般庶民とは違う高級官僚の世界の話だろうが、似たような俗的な騒ぎが、「流行性感冒」に罹った一般庶民の世界にはより多くあったろう。

ところで、冷水摩擦に励んだ倉富だが、三月二六日、悪寒を感じた。「朝微《すこ》しく悪寒を感ず。然れども宮内省に出勤す。悪寒止《やま》ず」とある。二七日「予が出勤し難きことを宮内省審査局の西野英男に告げしむ」、二八日「熱未だ解けず」、二九日「尚ほ出勤せず」とつづく。ようやく三〇日「熱殆んど解く」という状態となった。

この三〇日、西野英男が倉富家に、宮内省総務課長近藤久敬からの親展書の開封したものを持参した。倉富が欠勤のため審査局主事代理の許可を得て、鈴木重孝審査官が開封したという。その書状には、こうあった。

天皇陛下神経衰弱の御症あり。且糖尿の御容体あらせらるるに付、例年ならば、最早《もはや》葉山より還幸仰せ出さるる頃なるも、今年は今暫《しばら》く御滞在あらせらるることもあるべき旨を通知するものなり

大正天皇（1879〜1926）　明宮嘉仁（のちの大正天皇）は生まれながらに病弱であり、その将来が危ぶまれた。

大正天皇の近状の報告であった。

この三〇日に宮内省ははじめて大正天皇の体調悪化を、以下のように公表したのである。

陛下践祚《せんそ》以来、常に内外多事

閑院宮載仁（1865～1945） 日本赤十字社総裁をつとめるなど、社会活動も担った。

に渉《わた》らせられ、殊《こと》に大礼前後は各種の式典等日夜相連《つらな》り、尋《つい》で大戦の参加となり、終始宸襟《しんきん》を労せさせ玉ふこと尠《すくな》からず。御心神に幾分か御疲労の御模様あらせられ、且一両年前より御尿中に時々糖分を見ること之《こ》れあり、昨秋以来時々挫骨神経痛を発せらる。之が為め本春葉山御避寒中は政務を攬《みそな》はさるる外は専ら玉体の安養を旨とせられ、毎日御邸内を御散歩あらせられ、又稀には自動車にて近傍の御遊幸を遊ばさるる等御慰安を主とし、御摂生を勉めさせられ、平年ならば最早還幸被仰出《おおせいださる》時期なれども、侍医の意見に因《よ》り、本年は今暫く御静養の為駐輦《ちゅうれん》相成ることとならん。

実際は、天皇は言語障害や不自然な体の傾斜があったのだが、国民の反応を気にした宮中や政府は、糖尿と挫骨神経痛による安静と伝えたのである。

侍従武官四《し》竈孝輔《かまこうすけ》の日記によれば、大正天皇は一九一八年一〇月二八日に、天長節祝日大観兵式のための乗馬訓練をした。しかし、一〇月三一日の観兵式は取りやめられ、天皇が「少しく御風気」であることが発表された。じつはこのころ、流行性感冒で諸学校が休校し、内山小二郎侍従武官長も欠勤しており、天皇自身の風邪よりは周辺の感冒流行を懸念したようにも思われる。そして、三一日に四竈自身も流行性感冒と診断され、一一月一二日まで欠勤した。その後、四竈は舞鶴に視察に向かい、現地の将校らがほとんど全部感染したことを知る。そして一二月二五日、四竈は天皇の風邪に気づき、自分がうつしたかもしれないと思ったのだろう、「御玉突の御相手承はること常の如し。聊《いささ》か御風気にわたらせられざるかを疑はるるものあり。恐懼《きょうく》の至りに堪へず」と日記にある。

天皇の風邪は長引き、翌年二月一一日の紀元節は体調悪化で出席できず、宮中宴会や行事などは閑院宮載仁《かんいんのみやことひと》が代理をつとめた。その後、一九二〇年三月の第一回目の病状発表となり、以後、毎年のように病状発表がつづき、二五年一二月二五日に亡くなった。大正天皇はスペイン風邪流行当時にひいた風邪が悪化し、職務を果たせなくなっていたのである。

大正天皇と伊都子

一八七九年（明治一二）生まれの天皇と、一八八二年生まれの伊都子は三つ違いで、結婚することも可能な年齢差であった。

鍋島直大の一家　後列右から直大、長男直映（なおみつ）、姉の松平建子（たけこ、慈貞院）。前列右から３男信孝、次男貞次郎、次女伊都子、４女信子、３女茂子、４男直縄（なおただ）、妻の栄子。

明治天皇と伊都子の父の直大《なおひろ》は、ともに酒好きで、伊都子は『三代の天皇と私』にこう書いている。

子供の頃の思い出は、父上の酔っぱらい姿でした。式部長官の父上は、帰邸なされて馬車からおりられる時、ヨロヨロと足元が危ないことがあったのです。

「どちらでお飲みになりました？」

母上が訊《たず》ねますと、

「聖上《おかみ》のお相伴を致したら、こんなになってしまって……。嫌でございますと聖上に申し上

鍋島邸　永田町（現在の首相官邸付近）の高台にある三階建ての西洋館。1892 年に完成し、三階に伊都子ら娘たちの部屋があり、窓の外は広いベランダになっていた。1923 年の関東大震災で焼失した。

げる訳にもいかないだろう。注げ、注げとおっしゃると、侍従は聖上にも私にも注ぐ。聖上はグイグイとお飲みになる。なにしろお強い。私は粗相をしては大変だと思って、やっとお断りして下がって来たが、馬車に乗ったら緊張が解けていっぺんに酔いが回ってしまった」

父上はゆっくり噛み締めるように話すのでした。そういうことがたびたびあったので、私たちは子供心に、

「あら、また召し上がってこられて、どうなさったのかしら……」

と案じたものでした。

一八九二年七月九日、明治天皇は完成したばかりの永田町の鍋島本邸西洋館に行幸した。鍋島の一族郎党が居並ぶなか、天皇は馬車に乗り、肋骨の軍服姿（横向きの飾り紐が肋骨のようにみえた）でやってきた。天皇は謡曲が好きなので、直大は特別に豪華な舞台をつくり、天覧の能狂言として当日の余興に花を添えた。西洋館の邸前に本式につくられた土俵では、当代の力士たちによる土俵入り、三人抜き、五人掛け、一四の取組みが本場所さながらに行われた。西洋館二階の大食堂で夕食をとり、三階のベランダに立った天皇は、「ほうっ、品川の海がよく見えるね。これは素晴らしい眺めだ」と感嘆し、「高殿《たかどの》にのぼれば涼し品川の沖もまぢかく月も見えつつ」と詠んだ。

夕食後は、舞踏場の舞台で、日本舞踊・手品・講談・薩摩琵琶などの演芸を楽しみ、「お酒をきこし召した明治天皇は、御機嫌うるわしく午後十一時還幸あそばされた」。直大は、この後、ただちにお礼のため参内した。このとき天皇は、手品にかなり満足したので、翌日訪問予定の皇后にも見せるように命じた。

翌日は皇后が鍋島邸を行啓、二階のサロンで伊都子も対面した。「私たち子供も御側近くに召され優しく京言葉を賜うのです。それは気品のある美しい皇后さまであらせられました」と伊都子は書いている。皇后は「何か唱歌でも歌ってくれぬか」と子供たちの顔をみやりながら微笑みを浮かべたという。伊都子の姉の朗子（のちに前田利嗣侯爵夫人）は緊張して声が出なかったが、伊都子は数え五歳のときから日本舞踊を習い、観客の前で踊ったり歌ったりすることに自信があったので、すかさず立ち上がり「ハーイ、金剛石を歌います」と名乗りをあげたという。金剛石は皇后が華族女学校のために作詞した「水は器」で知られる唱歌であり、伊都子が大きい声で歌いはじめると姉の朗子や親戚の子供まで一緒に声を合わせたと『三代の天皇と私』にある。伊都子と昭憲皇太后《しょうけんこうたいごう》の楽しい時間であった。

当時、日光の輪王寺の近くに御用邸があった。鍋島もその一郭である護光院の隣に別邸を建てた。別邸周辺での警備はゆるやかで、皇太子であった嘉仁《よしひと》（のちの大正天皇）や、内親王の常宮《つねのみや》、周宮《かねのみや》（のちの竹田宮恒久妃と北白川宮成久妃）らとも朝の散歩でよく会った。嘉仁は気軽に「お早よう。また会ったね」と笑いながら声をかけた。伊都子が九歳のころだったという。

昭憲皇太后（1849～1914） 明治天皇の皇后。五摂家の一条忠香３女美子（はるこ）。明治天皇は「天狗さん」と呼んだ。

嘉仁は鍋島の姉妹たちが好きだったらしく、よく日光の鍋島別邸に遊びに来ていた。一九〇〇年五月に嘉仁が九条節子との婚儀

田母沢御用邸　日光二荒山神社の神橋から上流約１キロにあり、園内を田母沢川が流れる。1923年、関東大震災が起きたとき、大正天皇と貞明皇后はこの御用邸に滞在していた。

を終えた夏、新婚の嘉仁夫妻が日光田母沢《たもざわ》の東宮御用邸に滞在した。このときの八月一九日、嘉仁が突然、鍋島別邸にやってきた。侍従一人、武官一人、侍医一人と犬のダックスがお供だった。新妻は来なかった。さらに二三日にも鍋島別邸にやってきて、たばこなどを吸った。そして「わが輩の犬をあづけるから、いつこよくせわをしてやってくれ」と伊都子を暫く膝近くに召していろいろな話をして帰った。犬のダックスを預かった伊都子は、「心配一方《ひとかた》ならず、やうやく夜はおとなしくいねたり」と日記に書いている。

二五日に伊都子は両親や妹弟、使用人たちと山へ遠出をする。途中で嘉仁に会い、ダックスのことなど聞かれた。そのまま別れ、伊都子たちは滝に着き、そこで顔などを洗った。伊都子はダックスにうがいをさせ、牛乳・ビスケットなどをあげている。

その後も嘉仁と伊都子はいくつかの場面で出会う。伊都子が梨本宮妃となってからも夫守正と沼津や葉山の御用邸に参内している。嘉仁は守正に「梨本は煙草を喫《の》むか」と聞くと、守正は「煙草はあまり嗜みませんが、たまに葉巻を喫みます」と答える。すると嘉仁は「あー、そうか」と言って、机の上に置かれた自分の煙草入れから、葉巻をわしづかみにして、「これやるから持って行け」と気軽に渡したという。

右：**常宮**（1888〜1940）、左：**周宮**（1890〜1974）　明治天皇６女昌子（右）と７女房子。実母は女官の園祥子（そのさちこ）。幼少のころより姉妹で行動をともにした。のち、それぞれ竹田宮恒久妃、北白川宮成久妃となる。

帰ってから葉巻に火をつけた守正は、「困ったな。いただいては来たが、こんな辛い葉巻では……」と箱に収めてしまった。それでもまた会うとその葉巻をくれたのだと、『三代の天皇と私』にある。伊都子も守正も、大正天皇の人柄の良さに魅かれていた。

そんな大正天皇の崩御は、伊都子にもつらいことだった。伊都子の『永代日記』には、こうある。

（大正）十三年ごろから、度々脳貧血様の御発作あり。

十四年十二月にも、相当強度の脳貧血の御発作あり。以来、宮城にて御静養後、半歳ぶりに御床上げありしに、三日を経ずして再々御床に入らせられ、八月十日、やうやう葉山に御転地あらせられ、まづ御順調にあらせられしが、九月十一日、第一度目の脳貧血御発作あり。月末からは御風気にて気管支カタルを御併発になり、以来、御容体相当に御悪く、十一月十二日、発熱以来、侍医は一層御手をつくして、御快癒を祈りしが、十二月十六日急変。

すでにスペイン風邪の流行の時期は過ぎていたが、大正天皇も風邪で気管支カタルを併発して亡くなったのである。

三浦謹之助と嗜眠性脳炎

大正天皇の第一回目の病状発表の原案となる診断書を書いたのは三浦謹之助であった。総理大臣の原敬《はらたかし》の一九二〇年（大正九）三月三〇日の日記によれば、四日前の三月二六日に三浦は、以下のような診断書を提出した。

近年、御神経稍《や》や過敏に成らせられ、加之ならず、一両年前より玉体内分泌臓器の一、二、官能失調を惹き起したれば、御幼少時の脳膜炎の為、御故障有之《これあり》たる御脳に影響し、少しく

御心身の緊張を要する御儀式に臨御の際は御安静を失はせられ、玉体の傾斜を来たし、御神身の平衡を御保ち遊ばされ難きが如く観あるは恐懼《きょうく》に耐へざる所なり。今後十分なる御静養に依り御心身の御故障を排除し、少なくとも其増進を阻止せんことを努めざるべからずと

奉存候《ぞんじたてまつりそうろう》。

三浦謹之助（1864 ～ 1950）　三浦は「高貴のお方は幅の広いお布団に休まれておられるので、敷き布団をまくって、膝を入れて拝診するように。けっしてお布団に乗らないように」と指導した。

　しかし、宮中や政府は拝診書どおりの発表をためらい、先述のような糖尿病と挫骨神経痛という第一回目の発表となったのである。

　大正天皇の拝診書を書いた三浦謹之助は元治元年（一八六四）生まれの医者であり、東京帝国大学を卒業して日本医学界の発展につくしたお雇い外国人であるエルヴィン・ベルツの助手になった。一八八九年（明治二二）には有栖川宮威仁がロシア皇帝戴冠式に天皇名代として渡欧する際に、その随行員となった。前田利嗣侯爵夫妻もこれに同行するので、その医師として抜擢されたという。有栖川宮妃の慰子《やすこ》は、前田利嗣侯爵の妹であり、前田夫人は伊都子の姉の朗子であった。

その後、ドイツ留学などを経て、東京帝国大学医科大学教授となった。一九一二年、明治天皇不例の際に宮内省御用掛となった。一九一九年にはパリ講和会議全権の西園寺公望に随行して渡欧している。二一年には皇太子裕仁の欧州訪問に随行した。そして二六年、大正天皇の診察を受け持ったのである。

三浦は明治天皇・大正天皇のみならず、貞明《ていめい》皇后・昭和天皇の診察もした。政治家や政府高官では、山縣有朋、西園寺公望、松方正義、井上馨、大隈重信、桂太郎、寺内正毅、原敬、加藤高明、浜口雄幸、犬養毅、牧野伸顕《のぶあき》ら錚々《そうそう》たる人びとの名が連なる（林栄子『近代医学の先駆者　三浦謹之助』）。三浦はスペイン風邪流行当時の医学界の重鎮であったといえる。三浦が亡くなったのは一九五〇年一〇月一一日、八六歳であった。

三浦の死後の一九五五年に刊行された、三浦紀彦『一医学者の生活をめぐる回想　名誉教授三浦謹之助の生涯』に三浦謹之助と西野忠次郎の「昔の病気、今の病気」という対談がある。著者の三浦紀彦は謹之助の長男である。西野は戦前の慶応大学教授で、医学部長兼病院長もつとめた。謹之助と西野の間に、以下のような会話がある。

西野　山口から洋行してアメリカに行つたんです。そうしてアメリカに居つてこの前の流感

の大流行ですね。一九一八年、大正七、八年のあの大流行、あれで帰って来ました。帰つて来ると脳炎の流行です。あの時の脳炎は今日のと違っていましたね。

三浦　眠つてしまうんです。あの時はレタルギカといつて嗜眠性脳炎です。

西野　今日の有名な流行性脳炎がめつかつたのが大正七年で、その時分はエンツェファリチス・レタルギカで、日本名はなかつたのが三浦先生が名付親です。ところが嗜眠ということが主な症状なので嗜眠性脳炎ということだつたんですけれども、嗜眠のない奴がいくらもあつたので、ストリュンベルという人が流行性脳炎という名前をつけた。それが今日の名前です。

「一九一八年、大正七、八年のあの大流行」とは何を指すのだろうか。スペイン風邪流行当時に脳炎が流行っており、三浦謹之助が「嗜眠性脳炎」と名づけたというのだろうか。しかし嗜眠のない者もあり、ストリュンベルが「流行性脳炎」の名前をつけたというが、ストリュンベルについての説明はない。

いっぽう、一九六七年八月の『神経研究の進歩』所収の豊倉康夫「フォン・エコノモと嗜眠性脳炎」は、一九一七年にフォン・エコノモが嗜眠性脳炎についてはじめて言及したとある。一九一六年冬から翌年にかけてウィーンで流行した原因不明の脳炎で、一九一八年以降、ドイツ・英国・北米に広がったとされる。日本では一九一九年に長野・新潟各地で嗜眠などの脳症状を示す疾患の流行があり、同年の『日本医界』誌上に嗜眠性脳炎として報告されたという。

三浦が「名づけた」というのは「レタルギカ」を「嗜眠性脳炎」という日本語にしたという意味なのだろうか。一般にはフォン・エコノモが発見し、そのため嗜眠性脳炎はエコノモ脳炎と称される。この脳炎は一九一六年から一〇年ほど流行し、一九三〇年以降、ほとんど発症がなくなったという。

スペイン風邪とこのエコノモ脳炎とはどういう関係にあるのだろうか。医学界の今日の定説はどうなのだろうか。一九九〇年代までスペイン風邪の病原体が科学的に証明されなかったことを思えば、少なくとも日本の医学界の重鎮であった三浦でさえ、存命中にスペイン風邪の正体をつかめなかったのはやむをえまい。当然、当時の多くの医師たちが、病原体が明らかにならないなかで困惑しつづけていたであろうことは想像できる。

第三章——猛威、そして消滅

大磯での療養

『大磯日記』

守正《もりまさ》が転地療養をした神奈川県大磯町には、伊都子《いつこ》ゆかりの別邸が三つあった。実家の鍋島《なべしま》、結婚して後の梨本宮《なしもとのみや》、そして長女方子《まさこ》の結婚後の李垠《イウン》の別邸が、ときに同時期に存在した。

伊都子の実家である鍋島別邸は一八九六年(明治二九)ごろにできたと伝えられる。敷地は西小磯稲荷松の畑や山林で四七一三坪あったという。これらのうち四三〇五坪は一八九〇年以前に旧鳥取藩主家の池田《いけだ》輝知《てるとも》侯爵が所有し、数人の手を経て、鍋島直大《なおひろ》や伊藤博文の所有となったという。池田輝知夫人幸子は鍋島直正の九女で直大の妹にあたり、そうした縁もあった。また、一八九七年に皇太子時代の大正天皇が来邸したことがあり、「迎鶴楼」と名付けられた(鈴木昇『大磯の今昔(八)』)。

伊都子は直大の次女であり、子どものころからこの別邸で遊んだ。伊都子は鍋島別邸ができた翌一八九七年二月一四日から三月二八日まで、『大磯日記』という日記を残している。一五歳の

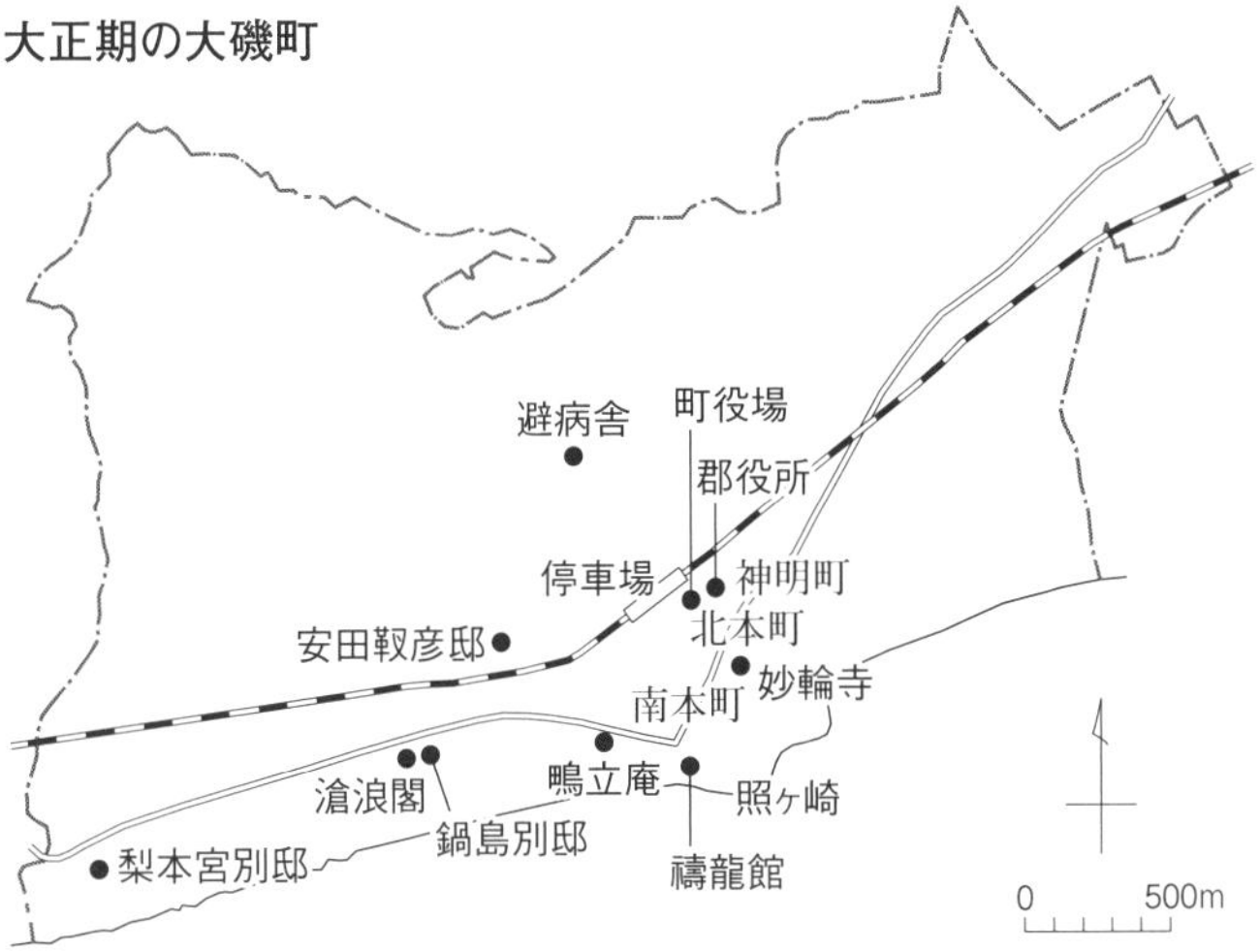

大正期の大磯町　鍋島別邸と滄浪閣は隣あっており、伊都子は伊藤博文夫人梅子との交流もあった。

大磯駅前　大磯には、別荘のほか旅館も多く、皇族から庶民まで多くの人がこの駅を利用した。（大磯町郷土資料館提供）

梨本宮別邸　伊都子は松林で松露採りなどをした。隣りは建築家のジョサイア・コンドルの別邸で、夫人や孫が遊びにきたりした。(大磯町郷土資料館提供)

ときに書いたものであり、その前年一〇月一三日には皇族の梨本宮守正と婚約していた。

また、伊都子は一八九八年一月一日から九五歳で亡くなるまでの七七年のあいだ、ほぼ欠かさず日記を書いていた。さらにはそれらの日記とは別の特別な日記や記録も書いていた。七七年間書きつづけた日々の日記には、当然、大磯の別邸で過ごした日々も克明に記されている。

大磯町郷土資料館によれば、梨本宮別邸ができたのは一九一三年(大正二)であり、西小磯西柳原の畑・山林・住地など二三九三坪あった。現在の大磯町西小磯三二五の地で、立正同親会・大磯道場洗心荘がある場所である。

この地に梨本宮が別邸を建てたのは、鍋島家の娘として大磯に別邸を持っていた伊都子の影響があるといわれる。屋敷地の南側沿いは相模湾《さがみわん》に

滄浪閣　伊藤博文は、1897年、小田原の別邸「滄浪閣」を大磯町に移した。伊藤の本籍も東京から大磯町になり、本邸となった。（大磯町郷土資料館提供）

面し、北側沿いは旧東海道（国道一号線）が通っており、大磯でも景観・立地のいい場所とされる。隣地には梨本宮家に仕えた執事の家も現存している。主屋南東部には応接間としていたであろう八角堂があり、ここから海や海岸沿いの松林が見渡せたという。

李垠別邸は、一九二一年に伊藤博文の養子博邦から譲り受けた滄浪閣《そうろうかく》である。鍋島・梨本・李垠の別邸は大正・昭和戦前まであり、伊都子は娘として、妻として、母として大磯に遊び、日記にはその日々が書き残された。しかし、戦後、これらの別邸はそれぞれの時代の歴史を負って売却され、伊都子と大磯の歴史は幕を閉じた。

伊都子が一八九七年二月一四日から三月二八日まで記した『大磯日記』の書き出しには「十四日　六十五度」とある。日曜日だった。「六十五度」

は華氏で、摂氏だと十八・三度になり、春先としては暖かった。

午後十二時半の汽車にて東京を出立し同二時四十八分に大磯駅に着き、それより人力にて御別荘さしてはしり七分間にて着す、それよりいろいろの人あいさつに出いろいろして夜に入。

鍋島別邸は、大磯駅から人力車で七分のところにあった。伊都子は侯爵の令嬢であり、徒歩ではなく人力車で別邸に入ったのである。

翌一五日には、「天気大によし、朝起いで直に海岸に行、此日は常宮《つねのみや》周宮《かねのみや》両宮は三嶋へ御出にて東京を七時三十分の汽車にて御出ゆゑ、大磯九時半ころ御とまりになり御両親様ステーションまで御見送りになる、あとはつまらぬこと故かかげず」とある。

「常宮周宮両宮」とは、明治天皇の六女昌子と七女房子の両内親王であり、のちに常宮は竹田宮恒久妃、周宮は北白川宮成久妃となった。竹田宮と北白川宮は兄弟なので、兄弟に姉妹が嫁いだのである。

「三嶋」とあるのは三嶋大社だろう。三島に向かう途中大磯に停車し、伊都子の両親は駅まで挨拶に出たのだ。常宮は九歳、周宮は七歳、それぞれ伊都子の六歳下、八歳下であった。のちに皇族妃となる三者は、幼いころから、お互いの存在を身近に感じていたのである。

安田靫彦（1884～ 1978） 日本画家。焼損した法隆寺金色堂壁画の模写、良寛堂の設計などに携わった。

池田成彬（1867～ 1950）日本銀行総裁、大蔵大臣など歴任。血盟団事件で暗殺対象となった。

一七日には、「朝おき見ればめづらしく雪降て、あたりの山々ゑもいわれぬ美しさなりけり」とある、伊都子は午後一時ころより海岸を歩き、濤龍館に行った。濤龍館は一八八七年に建設された病院を兼ねた旅館であり、財界の渋沢栄一や安田善次郎らから会費を募ったという。

当時の大磯は、新鮮な空気と海水に浸る健康管理を兼ねた海水浴場として知られ、にぎわっていた。このため、政財官界の有力者たちはじめ多くの著名人の別邸が多く建築されたのである。明治・大正・昭和の政財官界人だけでも、井上準之助、寺内正毅、木戸幸一、樺山資紀《かばやますけのり》、赤星弥之助、松本順、加藤高明、岩崎弥之助、三井守之助、伊藤博文、西園寺《さいおんじ》公望《きんもち》、池田《いけだ》成彬《しげあき》、大隈重信、古河市兵衛、山縣有朋、久《く》原《はら》房《ふさ》之《の》助《すけ》、山内豊景、尾張徳川家などの名を見ることができる。島崎藤村や獅子文六、石川達三、中村吉右衛門、安田《やすだ》靫彦《ゆきひこ》らの別邸もあった。

伊都子は地元の漁師に魚をもらったり、つみ草をしたり、山を上ったりして日々を過ごした。三月一八日には母栄子《ながこ》、妹尚子《ひさこ》（のち大和郡山の柳沢保承《やなぎさわやすつぐ》伯爵嗣子夫人）と平塚に松露《しょうろ》取りに、二五日には鎌倉にでかけた。大磯別邸から東海道線で足をのばし、近隣で家族の一日を楽しむこともあったのだ。

二八日、雨ながら午後は晴れた。「いさぎよくいでたちたり。五時ころ東京なる家に着したり。めでしく」と伊都子は書いて、一五歳の『大磯日記』を閉じた。

感冒の療養先として

毎年のように風邪をひいた伊都子は、風邪の療養のために大磯で過ごした。先述の一九一八年（大正七）一月の風邪のときも、伊都子は大磯で療養した。大磯に着いた翌二月一日、伊都子は大磯で朝を迎える。この日の日記には、こうある。

晴、長閑なり。大磯としては寒き方なるよしなれども、東京よりはよほどあたたかし。午前中吸入其他すまし、十時半ころより海岸に出かけみるに風つよし。川のところより畑へ入り、

山をこゑて切通しの方にてかへる。午後は又海岸の中通により八坂神社のところへ行。又畑へ出、白岩神社へ参り、三時過かへる。初竹屋より鳥の子と果物来る。

伊都子は午前中に吸入をし、その後は散歩で過ごした。東京より気候があたたかいので療養にいいのだろう。初竹屋は大磯にある宮家出入りの店。「鳥の子」は卵、当時は貴重な卵と果物で栄養をつけていたのだ。

翌二日も吸入をし、海岸を散歩して、砂山で日光浴をした。寝しなに「しほ湯」に入った。大磯の海水浴は健康にいいとされ、その潮の風呂に入ったのだろう。初竹屋からはお重の寿司が届いた。

三日以後も散歩で過ごし、東京の鍋島本邸や京都の守正のもとへ手紙を書いた。五日には鍋島家からカステラが届いた。六日には東京から宮家御用取扱の桜井鉚子《りゅうこ》が、果物と干ブドウを持ってきた。帰りに夏みかんを一〇個渡した。その日、桜井から、「千代浦、此ほど中より引つづき風のここちあしく、肺炎をおこしそうとの事にてそれぞれ手あて申との事なり」と聞いた。伊都子が大磯で静養中、侍女頭の老女は本邸で治療を受けていた。

七日、鍋島別邸に父の直大が単身で来ていた。伊都子は家にいてもしかたないので、父に会いに行く。「鍋島家別邸へ海岸から行。御父上様御一方《ひとかた》故、御淋しく色々御話申上、御やつなどい

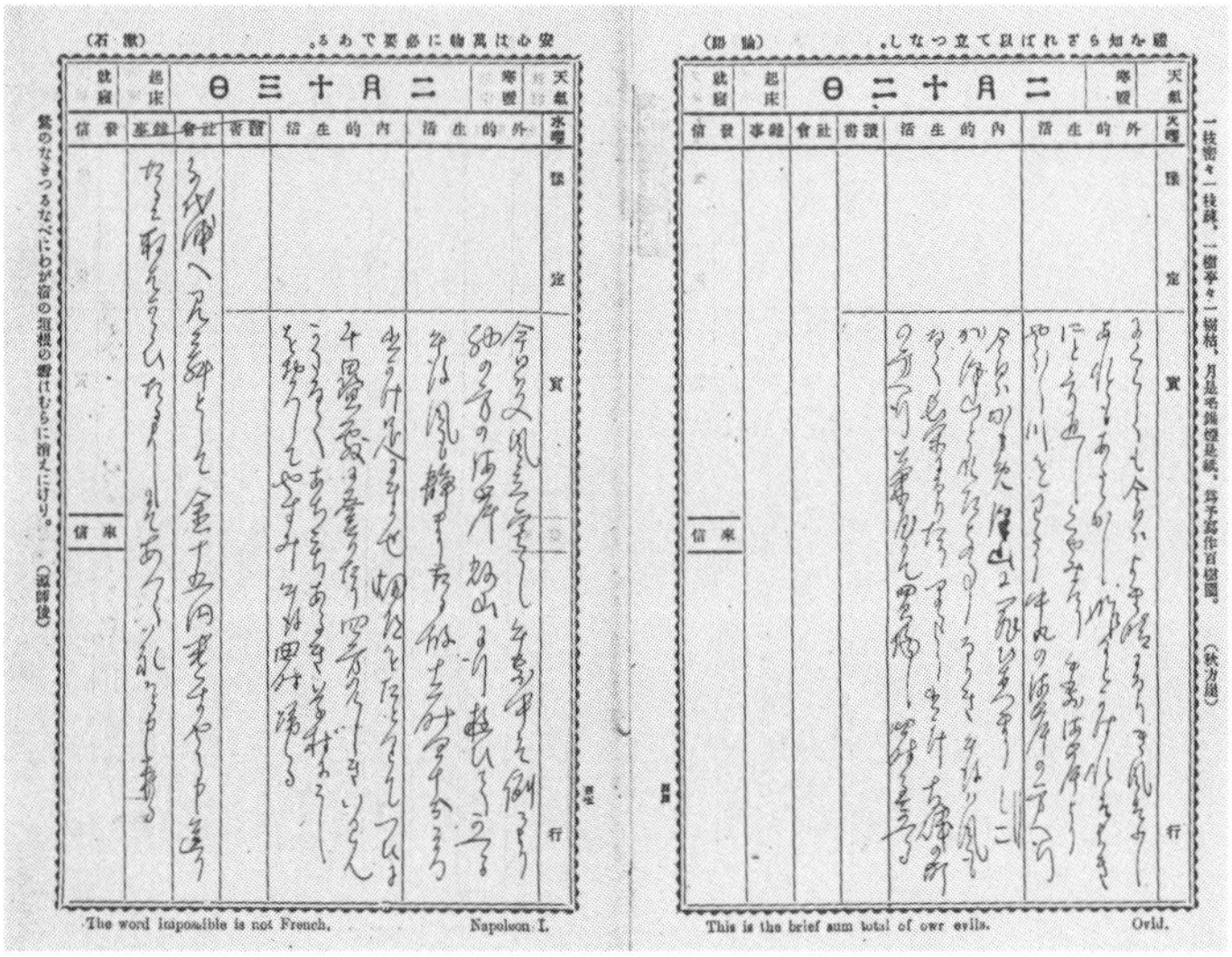

大磯滞在中の日記（1918年2月） 伊都子は幼少のころから毎年のように大磯に滞在した。日記からは、地曳網の漁師から魚をもらったことなどもわかる。

ただき四時過かへる。庭の夏みかん、少し差上る」。別邸にひとりいる父に、嫁いだ娘が遊びにいったのだ。この日、京都の守正から手紙が来た。

　九日には東京から娘の方子と規子が来た。「午後一時五十分東京発にて方子規子来る。午後四時着にぎにぎし」とある。母娘の豊かな時間だった。一一日に娘二人は帰る。「御ひるは別にお急なければ御好みによりうなぎめしにしにぎにぎしく、午後は色々したくして、四時十一分大磯発にて子供らは帰京せり。東京御留守の人々へおまん二百をもたせ御庭の夏みかんをも持ち帰る」と日記にある。「おまん」は饅頭。

　一三日、「今日は又風にて寒し。午前

中は例により西の方の海岸砂山に行、遊びてかへる。午後風も静まりたる故十二時四十分ころ出かけ、足にまかせ畑道をたどりてつひに千畳敷に登りたり。四方のけしきいわんかたなくあちこちあるき草村【叢】にこしをおろしてやすみ、午後四時帰る」。伊都子も大分よくなっていた。この日、「千代浦へ見舞として金十五円遣すやう申送りたるに取はからひたるよしにて、あつく御礼を申来る」ともある。

一九日、伊都子は午後二時四一分の大磯発で帰京する。静養中の鍋島直大が駅まで見送ってくれた。

二〇日、午後二時に盤瀬《いわせ》雄一が来診。「此前よりずんとよろしく大へん大磯の転地がよくきけたやうだと申をり。しばらく薬を用ひ、猶《なお》都合よければ温泉に行《ゆく》やうにとの事なりき。けふは村地【長孝】は来らず」とある。大磯での静養は、伊都子にとって効果があったようだ。

快復した伊都子は、二月二二日午前九時四五分東京発で、葉山の天皇皇后に挨拶に行った。天皇皇后へは果物、女官たちへは「甘栗一籠七十五銭」をお土産にした。天皇皇后は伊都子に金紗縮緬を与えた。参内していた当時三歳の澄宮（のちの三笠宮）を抱き上げ、退出した。時間があるので北白川宮別邸に立ち寄り、三時一分逗子発で帰京した。

二三日には久邇宮俔子と約束して、自動車で雑司ヶ谷仙石家墓地に一か月前に急逝した仙石素子の墓参に行った。素子は俔子と伊都子の義妹、「墓前に御花一対をそなへたり」とある。

二六日、伊都子は守正の官舎がある京都深草に向かう。「いよいよ午後九時出門馬車にて東京駅に行、同五十分発にて京都へ向け出発す」。夜行だった。二七日「夜中事なく午前八時四十分名古屋着。ここは雨なりき又米原付近は雪のあと晴天、京都は曇天。午後一時五十四分稲荷駅へ無事着。皆々出むかへ、人力車にて官邸に入る。夕より雨、夜中雪となる」。守正は朝から演習に出ていて、午後五時過ぎに帰宅した。大磯で療養を終えた伊都子は、この日以後、春まだ寒い京都の官舎で、陸軍軍人の妻としての責務を果たす日々を送るのである。

大磯での感冒流行

伊都子が感冒の療養先としていた大磯で、スペイン風邪は広まらなかったのであろうか。鈴木昇『大磯町の今昔（八）』は、一九一八年（大正七）から二〇年にかけてのスペイン風邪流行当時の大磯のようすを、当時の新聞記事と大磯町助役小見忠滋の日誌から紹介している。スペイン風邪に対する地方の動きと対応を知る上でも貴重な記録である。

鈴木は、「スペイン風邪とか悪性インフルエンザと言われたのはあとになってからで、当時は悪性感冒と言われた」として、一九一八年一〇月以後の記事を、以下のように伝える。

十月二十五日、大磯地方の悪性感冒本月中旬より流行し遊郭も休業。三十一日、平塚町相模

紡績会社罹病者多く朝鮮女工死亡。大磯の感冒流行、一家に一名感染すれば家中感冒か。十一月九日、中郡の感冒予防各町村衛生組合が各所にて衛生講話。十五日、吾妻小学校の一色分教場生徒九二名中患者六五名により休校。二十九日、悪性感冒終熄。

なお、この年の大磯町助役の日誌には、一〇月二三日のこととして、「尚歯会《しょうしかい》（敬老会）は流行性感冒のため本月三〇日執行の筈なりしを、来月一五日に延期となる」とある。

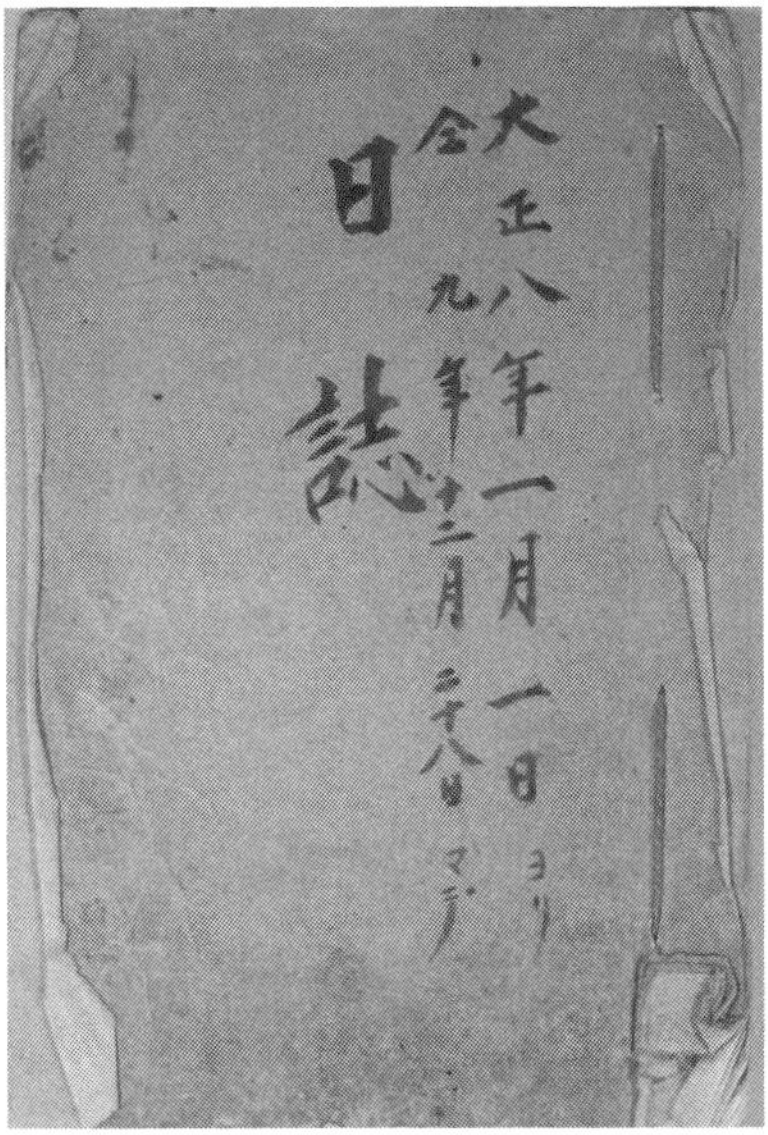

大磯町助役の日誌　大磯から帰京する皇族の見送りをしたことなども書かれている。（大磯町郷土資料館提供）

この年、伊都子は前述したように、風邪の回復期の療養のため一月三一日から二月一九日まで滞在した。このときは、まだ流行性感冒の騒ぎはなかった。その後は東京本邸や守正の官舎のある京都などで過ごし、四月一五日から一九日まで守正とともに大磯別邸で過ごした。その後、守正は京都、伊都子は東京と別れて暮らす。五月一四日、伊都子は東京より京都の守正のもとに向かった。娘二人は学校があり東京本邸で生活しているので、伊都子が東京と京都を往復する多忙な暮らしだった。八月には娘二人と京都で過ごし、大原三千院参拝、比叡山登山などをしている。九月には奈良見物をして、娘二人は五日に帰京した。伊都子は二一日に帰京し、「東京着九時、家に着く、皆無事、事なし」と日記に書いた。

このころからスペイン風邪が流行《はや》りだしたとされるが、伊都子の日記には、一〇月五日「御母様は御風にて御床に入らせらる。大した事なし」、三一日「天皇陛下御風に付、観兵式御見合せ、併《あわ》せて拝賀御受けも御やめ」、一一月七日「中山てい【侍女】、一昨日より発熱、昨夜医者来たり、大した事なしとの事、九度あり」、一二月一四日「寒し、けふはいつ子少々風気こまる」と、気になる記事がつづく。先述の四竈孝輔侍従武官が流行性感冒に罹ったのもこのころである。

また、一一月二五日に「香田岩松【宮家職員か?】容体あしくとの事おどろきたり、正午過とうとう死去せるむね申来り」とあり、死因は明記されないが、死亡者も出ていた。いずれにせよ、大磯で流行性感冒の騒ぎがあるころ、伊都子は大磯にはおらず、京都や東京にいたのである。

流行性感冒の再燃

翌一九一九年、終息したと思った流行性感冒がふたたび大磯を襲った。一月の新聞にはこうある。

二月四日、悪性感冒猖獗《しょうけつ》、大磯町の死亡率増加。
七日、吾妻村小学校四学年中に五四名の患者が出る、三月から四学級閉鎖。
八日、吾妻村方面一帯流行一層激甚、死亡率平素の八倍。
九日、平塚県立農学校一学年乙組八日から五日間休業、同月十五日から休校。
二十一日、流行性感冒中郡南部下火、北部浸潤。
二十五日、本月十五日の中部患者二八六七人、死亡六六人。

ちなみに、一九二一年当時の大磯町の人口は八五九六人、一九一七年の吾妻村小学(二宮小学校)生徒総数は一一七七人であった(中地方事務所『中郡勢誌』)。

この間、一二月まで記事は消えるが、四月一〇日の小見助役日誌に、「本年流行性感冒に罹りたるものの困窮者に対し、県救済会より賜金ありたるに因《よ》り夫々《それぞれ》困窮者に配布す」とある。風邪で困窮した人びとが出ていたのである。

一二月にふたたび記事が現れ、こうある。

十二月十八日、吾妻村の流行性感冒罹病者二九名に達す。
二十五日、中郡各警察署感冒注意、予防に努める。

大磯を襲った感冒の記事は、流行のピークとされる翌一九二〇年一月から二月には、さらにつづいた。


一月七日、湘南を襲う流行性感冒、大磯地方一家三人五人と枕を並べる。

十五日、大磯地方流感予防注射申請。

二十日、大磯在の流感、一家全滅さえあり。

二十三日、大磯町の流感予防注射、注射液不足。

二十七日、中郡の流感大磯署管内一月以来、患者六三〇人、死亡三二人。平塚町の流感患者総数六〇余名、相紡女工四〇名罹病。

二十八日、土沢の予防注射、大磯警察医出張、二十八日施行予定。

二十九日、流感のため大磯避病舎開放。


予防注射の注射液が不足するなど事態は深刻だった。もっとも病原がわからなかった当時、予防注射にどの程度の効力があったのか不明だが、精神的な安定にはなったろう。避病舎《ひびょうしゃ》は明治以後につくられた伝染病専門病院であり、一八九七年(明治三〇)四月に伝染病予防法が制定されると、伝染病専門病院として位置づけられた。大磯ではスペイン風邪の際に開放されたことがわかる。

なお、平塚町相模紡績会社従業員は、一九二三年当時で約三〇〇〇人という。

二月三日、平塚の流感相紡従業員、罷業・怠業未解決の中、流感で六名死亡、機械の三分の一運転。大磯地方流感二町六ヶ村やや終息の状態になるが、一日新患者出始める。

六日、県衛生課流感診療班を近々設置。

九日、流感、県の救護班が四部を大磯に置く。

十四日、大磯町安田画伯一月早々流感に罹り近日中床上《とこあげ》。

十九日、土沢、三日前より新患者続発、流感再燃、県救護隊と郡吏出張。

二十日、土沢村へ大磯署員も出張、救護を要する者多し。

大磯に別邸があった安田《やすだ》靫彦《ゆきひこ》も感染していたのである。この時期は、小見助役日誌も情報が多く、以下のようにある。

一月十二日、午後一時より衛生委員・区長及衛生組合長を町役場楼上に召集し、流行予防注射を町民一般（五歳以上六〇年未満）へ実施の件を町長より協議。

鴫立庵　日本三大俳諧道場のひとつ。西行法師が「心なき身にもあはれは知られけり鴫立沢の秋の夕暮」と詠んだことにちなむ庵。

十三日、衛生委員を役場楼上に召集、感冒予防
　注射の件に付、町長と共に協議す、方
　法は衛生主任長島【長吉】及中西【与四
　郎】巡査と共に実行を委任す。
十九日、中西巡視、本県庁へ予防液を受取方に
　出張す、薬品一二〇〇人分持帰れり、
　同時刻に平根【警察巡査】部長注射の件
　につき来庁せり。
二十一日、当町に於てワクチン注射を希望者に
　無料施行す。
二十二日、当町役場楼上に於て付近希望者へ注
　射をなす、小生も注射をなす、午後
　一時妙輪寺に於て注射を行う。
二十三日、鴫立庵《しぎたつあん》に於て注射を執行す、午後より西小磯注射施行所へ出張す、第一回の予防
　注射は本日を以て終了の予定、当日出張医は大槻三磨氏。
二月十日、午後一時より衛生委員を役場に召集、第二回予防注射の件を協議す。
十三日、西小磯ワクチン注射。

十五日、南本町・北本町・神明町のワクチン注射、有近【恵義】医師、役場楼上。

西小磯地域は鍋島や梨本宮の別邸があった地域でもある。妙輪寺や鴫立庵周辺は伊都子の散歩道でもあった。

二月以降、記事はなくなるが、一〇月になってふたたび新聞に記事が出る。

十月一日、大磯地方に感冒患者多く警戒中、中郡役所にて入営兵二五〇名に対し予防注射。

十七日、大磯地方の感冒、空気の乾燥に伴い罹病者多し。

十一月四日、中郡長より各町村役場へ流行性感冒につき有効適切な処理方を促す。

学校や工場、軍隊での患者が多かったことが、大磯での記録からも伝わる。予防注射などで懸命に対応していたが、「有効適切な処理」がみつからないで困っていたのだ。

「金栗・秋葉両人通過」

大磯で流行性感冒が再燃した一九一九年一月、伊都子は東京にいた。前述したように、長女方《まさ》子《こ》の結婚準備にあけくれていたところ、一月二一日に李《り》太王《たいおう》が急逝したのだ。そして二三日に次

伊藤梅子（1848～ 1924）伊藤博文の継妻。博文亡き後も滄浪閣に滞在し、伊都子とも交流があった。

女規子《のりこ》が風邪をひいた。二七日、伊都子も風邪をひいて鼻がつまった。規子も伊都子も安定したので、伊都子は二月二日、守正のいる京都に向かった。その後、二八日に京都で老女千代浦の訃報を聞いたのである。そして、四月に竹田宮恒久《つねひさ》の病死の報を受けた。

伊都子は大磯にはいなかったが、東京や京都で感冒の広がりを実感していたのだ。

七月一四日、大磯から伊都子のもとへ桃が届いた。「今朝、大磯よりはじめて桃来る。大きそうなのをよりて、王世子邸へ二十三個送る」とある。方子と李垠の結婚は延期となったが、まだ婚約中であった。二三日、伊都子は大磯に行く。このころ守正は遼陽《りょうよう》での軍務についていた。「午前八時四十五分東京発にて大磯へと出発す。天気もよく十時五十二分大磯着。家に入、風ありてそよそよと涼し。荷物などの整理もすませ、入浴して夕食事後、海岸へ出」などとある。翌日、伊藤博文未亡人の梅子が訪ねてきた。「朝久々にすみわたる空気を吸ひながら床をはなれ、六時前より海岸へ行、足もつかりてここちよく、七時過かへり、朝食の後、新聞など例の如し。十時ごろ伊藤梅子殿来訪、なら漬と御花を御持参。ややしばし御はなしして、御かへりに庭の桃少々ながら上る」とある。長女を李垠に嫁がせる伊都子と、李垠を日本に連れてきた伊藤博文の夫人梅子は、大磯で会っていたのだ。のち、一九二一年（大正一〇）に滄浪閣《そうろうかく》が李垠別邸となるのも、鍋島と伊藤と李家の縁の深さを思わせる。

金栗四三（1891〜 1983）「日本マラソンの父」。下関・東京間を走破してのち、樺太・東京間走破、九州一周などを成し遂げた。

八月一日、地曳網を見に行った。「東の方の一つは中々の大漁にて大よろこび」とある。六日は月遅れの七夕であった。「七夕にて男の子、例によって大ぜい来り、ことに踊りまでしてかへる」とあり、地元との交流もあった。

八月九日、下関・東京間の一二〇〇キロ走を試みたマラソンランナーの金栗四三《かなくりしそう》と秋葉《あきば》祐之《すけゆき》が大磯を通過した。金栗はオリンピック日本代表として活躍したマラソン選手で、東京箱根間往復大学駅伝競走（箱根駅伝）の開催に尽力したことでも知られる。

この金栗の四歳下でともにマラソン普及に活躍したのが秋葉祐之であった。金栗と秋葉はすでに長距離ランナーとしての実績を持ち、「一緒に持久力テストをやりたい」と、七月二二日に下関をスタートし、沿道の人びととふれあいながら二〇日間で走り切ったのである。流行性感冒の騒ぎのなか、ある意味、国民への励ましになった面はあったろう。

大磯町の小見助役日誌には、八月八日「明九日、金栗・秋葉の両選手のマラソン競走当駅通過に付、鴫立沢に休憩所を設置」、九日「予定の時刻三〇分遅れて金栗選手到着、約二〇分間休憩、茶菓を供し出立す、郡長・校長・郡視学・助役・其他学校生徒有志の見送りあり盛会を極めたり、少し遅れて秋葉選手小憩五〜六分間して出立す」とある。

伊都子も八月九日、大磯でこれを見ていた。

けふは下関よりマラソンにて来れる金栗・秋葉の両人通過のよしゆへ、朝じまひ、七時半ころ切通しまで行、七時五十分ころ金栗のみ応えん隊とともに勇ましく通過。大磯にて十五分休息、秋葉は足痛のため一時間おくれ通過す。

伊都子も大磯の人びととともにマラソンを楽しんだようだ。伊都子は八月三一日まで大磯に滞在した。感冒大流行のなかのささやかな夏休みだったのかもしれない。その後、伊都子は体調を崩し、一〇月二五日に遼陽の守正の発熱を知るのである。

方子、大磯で風邪をひく

一九一九年(大正八)一一月二七日、遼陽で発熱した守正の病後の療養のため、伊都子は守正と大磯に向かった。大磯では海岸で日光浴などして過ごした。一二月二六日に方子《まさこ》と規子《のりこ》も大磯に来た。二七日、伊都子は東京に日帰りで出かけた。宮中で皇后と対面し、出火のあった久邇宮家を見舞ったのである。久邇宮家は守正の実家である。

翌二八日、方子が熱を出した。日記にはこうある。

雨にてうつとし、あれもやうなり。方子、昨夜より少々のど悪しくシップして寝たるに、けふもここちすぐれず、用心に床に入たるに、十時ごろ三十八度三分あり。時局柄ゆへ胸部全部にシップして吸入もしたれども、午後三時、八度三分ゆへ進藤をよびたるに、大した事もなけれども、少々気管に風引たる故、大切にすべしとの事にて、手あては其ままにて薬をくれ、大したる事なし。夜八度。午後四時三十八度七分、六時三十八度三分。

「時局柄」の文字に、流行する悪性感冒を意識して用心していたことがわかる。進藤とは、大磯

方子（1901～ 89） 伊都子の長女。戦後は李垠とともに一時無国籍となるも韓国籍を得て、晩年はソウルの昌徳宮で暮らした。

規子（1907～ 85） 伊都子の次女。伊都子の母の実家の広橋眞光（ただみつ）伯爵と結婚。梨本家の祭祀は、その長男興光が継いでいる。

で内科・産婦人科・小児科を専門としていた進藤玄敬だろう。すぐに来てくれて薬をくれた。伊都子はこまめに方子の体温を測った。延期になったとはいえ李垠と婚約中の身でもあり、万が一の心配は尽きなかった。

幸い、方子は快復に向かう。二九日には、「方子は朝六度七分、気分よろし」とある。この日、皇后宮職からの使いが、「滞在中の御尋に鴨二十五羽、御菓子」を持ってきた。守正の容体を心配しての配慮だろう。三〇日一一時半、進藤が来て方子を診察した。「大きによろしく、はや全快との事なり」と、伊都子も安堵した。

この年、大晦日の日記に伊都子は、

こう記した。

よき晴にて長閑《のどか》なり。とてもとしのくれとは思はれぬやうなり。方子も起き出でたり。次の人々【宮家の職員たち】の歳末祝詞を受け（十時）、海岸に散歩に行。午後は山の方へ行、ほら穴にて遊び、二時半かへる。そうじ其他もすみ、とどこほりなく大正八年も無事に終る。うみに山に遊びくらして昨日今日としのくれともおもはざりけり

守正の療養のため年末を大磯別邸で迎え、皇族妃としての年末の多忙さが減じられたためだろうか。守正も方子も、そして伊都子自身も体調をとりもどしたためだろうか。長閑な年末の感想が綴られた。とはいえ、「大正八年」は、その一月に伏見宮博恭の長女である浅野寧子が、二月には老女千代浦が、四月には竹田宮恒久が、それぞれ流行性感冒で亡くなった年でもある。時間が経ち、やや健忘症になって油断が生まれた伊都子のもとに、新年早々、つぎつぎと訃報が届く。

相つぐ肉親の死

相つぐ悲報

一九二〇年（大正九）の新年を、伊都子《いつこ》は大磯で迎えた。皇族は、皇室の新年行事のための参列などがあり、年末年始は東京にいるのが常であったが、守正の病気療養のため大磯別邸で過ごすことを許されていたのである。

伊都子は一月一日の日記に「めづらしき大磯にて新年を迎へ、いと長閑なる日なり」と書いた。この日、伊都子は午前六時五〇分に海上より出る日の出を拝み、「ここちよく支度して」八時に家族と雑煮で祝った。九時に宮内事務官の臼井兵作はじめ侍女三名の祝賀を受け、その後、庭の芝生で初写しの写真を撮った。宮家の職員たちの写真も撮り、羽子《はね》突きなどをして過ごした。

午後、藤田文治郎大磯町長らが祝儀に来たので、祝酒を出した。夜はカルタなどして、九時に寝た。「両陛下をはじめ奉り、各宮等皆電報にて御祝し申上ぐ」とあり、東京には行かず、大磯から電報で新年の挨拶をすましたのである。とはいえ、「宮様は羽織袴《はおりはかま》、あとは白襟紋付《しろえりもんつき》（色）」と、正月らしい和服姿だった。

翌二日、正月早々、細川宏子重体の報が入る。「細川宏子様、湯ケ原にて御病気重体のよしゆへ、早速東京にて御見舞の御使を差出す」とある。細川宏子は肥後熊本藩主家の細川護久《ほそかわもりひさ》侯爵夫人で、鍋島直正五女、直大《なおひろ》の妹であり伊都子の叔母にあたる。もっとも宏子は前年一二月三一日に亡くなったとされており、このときはすでに死亡していたが、新年早々のことであり、遅らせたのかもしれない。

なお、宏子の病名は記されていないが、弘化元年（一八四四）生まれの七五歳なので、当時としては高齢であったろう。伊都子の日記には、一月五日に、「細川宏子様御病気のところ、四日御逝去の旨発表あり。早速桜井【鉚子《りゅうこ》・梨本宮家御用取扱】は御使に参る。いつ子は風気のため東京行を見合せたり」とある。伊都子は風邪で自重したのだ。

細川宏子（1844～ 1919）「幕末維新のお姫様」として知られ、熊本県立美術館や鍋島報效会徴古館などに遺品がある。

六日、伊都子は大磯にて細川宏子の喪に服した。「宏子逝去に付、父の妹の続きを以て、いつ子は定式の服喪につく。二十日（一月二十二日迄）、九十日（四月二日迄）」と、日記にある。

七日に方子《まさこ》と規子《のりこ》が東京へ帰り、伊都子も一六日に東京の本邸に帰った。

伊都子が帰京した翌日の一月一七日、伊都子の日記は流感の話題でにぎわしくなる。こうある。

はれ中々の寒さなり。大磯とは大分ちがふ。午前九時半ころ【守正は】御出まし、御参内遊ばさる。

池田様御二方とも此《この》ほど来《らい》、流感にかからせられ、侯爵の方中々重きよし。此程一度御見舞被遊たり。時々御容体来る。

午後二時、高畠医師により伊都子、方子、規子外、せぬ人、予防注射をす（第一回）。

鍋島貞次郎十四日より流感にかかり赤十字病院へ入院、肺炎を併発せしよし、気遣ひなり。時々病院へ容体を聞く。

「池田様御二方」とは、備前岡山藩主家の池田《いけだ》禎政《ただまさ》侯爵とその母の安喜子《あきこ》である。「侯爵の方中々重きよし」とあるのは当主の禎政のほうが重体だったというのだろう。母の安喜子は、久邇宮朝彦の三女であり、守正の姉にあたり、伊都子の伯母になる。

鍋島貞次郎は鍋島直大の次男で、伊都子の弟である。地中海遠征勤務から海軍大尉として凱旋し、男爵を授かったばかりだった。

こうした悲報のさなか、伊都子・方子・規子らほか、まだ予防注射をしていない宮家職員らが流行性感冒の予防注射をしたのである。第二回目は翌日、職員らを中心に予防注射がなされた。

「実におもひがけなき事」

池田侯爵母子の危篤と弟の鍋島貞次郎の病状悪化の報に加えて、伊都子は妹の牧野茂子の発熱の報も聞く。牧野茂子は直大の三女で、伊都子のすぐ下の三歳違いの妹であった。越後長岡藩主家に牧野《まきの》忠篤《ただあつ》子爵の後妻として入った。一月一九日の日記にはこうある。

池田禎政（1895～ 1920）**と母安喜子**（1870～ 1920） 戦後の新興宗教教祖の璽光尊（じこうそん）は、安喜子の隠し子と自称したが、確証はない。

池田家より電話にて昨夜十時過、政禎【禎政】侯御危篤、今朝六時五十分あきこ様御危篤にならせらるるよし申来《もうしき》りたる故、取あへず両人【守正と伊都子】にて大崎池田家へ参り御玄関にてかへる。規も学校休む。午後御母様、信様ならせられ、三時過御かへり相成たり。

貞次郎今朝は少しくよろしかりしが、夕又々あしく肺炎増進し頭脳あししとの事、

牧野忠篤（1870～ 1935）**と茂子**（1885～ 1920）忠篤は、伊勢津の藤堂高潔（たかきよ）伯 3女の鉦子（とうこ）を後添いとした。

心がかりなり。
牧野茂子発熱し高く、肺炎らしとの事、実にいかなればかくもいや事のみ聞ものかな。

母の栄子、四歳下の妹の信子（直大の四女、のち会津の松平恒雄夫人、秩父宮勢津子の母）も梨本宮邸に来ており、親族の悲報に一族がみな動揺していた。伊都子の妹弟は、伊都子・茂子・信子・貞次郎の順で、伊都子と貞次郎の齢の差は五歳だった。
伊都子のもとには連日、悲報が届き、日記記事の上欄には×が付された。一月二〇日の日記はこうある。

午前十時ごろ牧野家より信に電話をかけ、茂様御容体あしく、皆々うちより居れりとの事。こまりたる事。直に御菓子を以て御見舞の御使を出す。
正午ごろ電話にて十時三十分茂子死去せしよし。実におもひがけなき事。午後取りあへず桜井を使として弔問に出したり。

二二日もあわただしい。

朝、信様御出被下《おいでくだされ》いろいろ茂様の事伺ひ、又打合せをなし、なるべく行かぬ方よろしからんとて、よくよく其わけをはなしなどする内、貞次郎容体あししとの電話にて、信様直に御かへりに相成たり。

午後三時ごろ電話にて貞次郎事危篤の容体となれりとの事なり。

来る廿四日茂子の葬儀。

鍋島貞次郎（1887〜 1920）直大の次男 .1919年 1月に分家して男爵となった。

「なるべく行かぬ方よろしからん」とは気になる記述である。流行性感冒感染への配慮があったのだろう。二二日、痛ましい記事はさらにつづく。

又々鍋島家より電話にて貞次郎事、昨夜十二時十分死去せしが、重体のままにて西ヶ原の邸へ引取、海軍省の都合により、いまだ喪を発せずとのこと。

貞次郎は海軍軍人でもあり、喪の発表が鍋島家の自由にならなかったのだ。この日、天皇皇后から守正へ喪中御尋の菓子、東伏見宮・東久邇宮・華頂宮より伊都子に御見舞の菓子がそれぞれ届いた。また、梨本宮家は牧野家へ料理五〇人前を送った。

貞次郎の葬儀は、一月二六日に青山斎場にて海軍葬喪令によって神式で行われた。その「葬儀次第書」には、「途中葬列を廃し」とあり、流行性感冒を意識したと思われる配慮がある。この二六日の伊都子の日記によれば、伊都子は池田家告別式も、貞次郎葬儀も出ていない。

そして一月三〇日の日記にこうある。

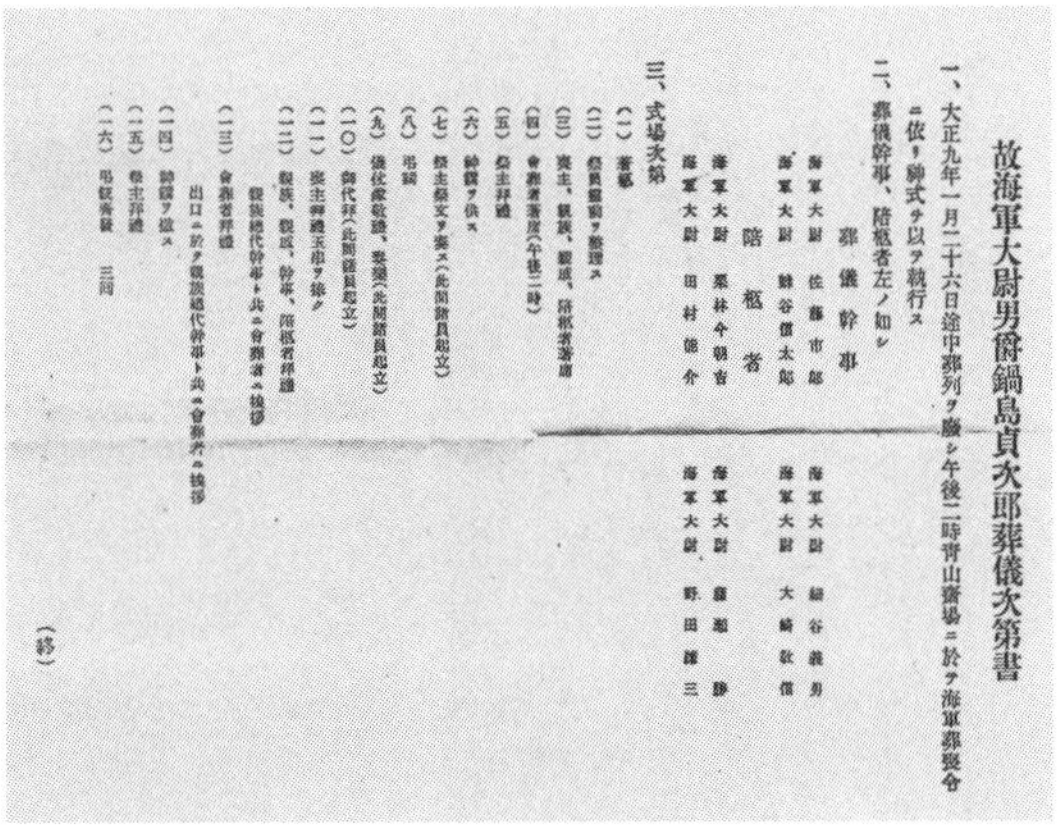

故海軍大尉男爵鍋島貞次郎葬儀次第書

一、大正九年一月二十六日途中葬列ヲ廃シ午後二時青山斎場ニ於テ海軍葬喪令ニ依リ神式ヲ以テ執行ス

二、葬儀幹事、陪柩者左ノ如シ

葬儀幹事

海軍大尉 佐藤市郎　海軍大尉 細谷義男

海軍大尉 鮎谷信太郎　海軍大尉 大崎敬信

陪柩者

海軍大尉 栗林今朝吉　海軍大尉 森瀬静

海軍大尉 田村徳介　海軍大尉 野田謙三

三、式場次第

（一）着席

（二）斎員霊前ヲ整理ス

（三）喪主、親族、親戚、陪柩者着席

（四）会葬者着席（午後二時）

（五）斎主拝礼

（六）神饌ヲ供ス

（七）斎主祭文ヲ奏ス（此間諸員起立）

（八）弔銃

（九）儀仗隊敬礼、奏楽（此間諸員起立）

（一〇）御代拝（此間諸員起立）

（一一）喪主神饌玉串ヲ捧ク

（一二）親族、親戚、幹事、陪柩者拝礼

親族総代幹事ト共ニ会葬者ニ挨拶

（一三）会葬者拝礼

出口ニ於テ親族総代幹事ト共ニ会葬者ニ挨拶

（一四）神饌ヲ撤ス

（一五）斎主拝礼

（一六）弔銃斉発　三回

（終）

貞次郎葬儀次第書　伊都子が日記の間に挟んでおいたもの。貞次郎には当時2歳の長女邦子がおり、養子をもらい男爵家を継いだ。

午後十二時半より出かけ、伊都子は久々永田町【鍋島本邸】へ行。重ね重ねの御不幸に御両親様にはいかに遊ばしていらせらるるや、気づかひながら日々と日はたち、久々にてけふ伺ひしにわりに御げんきにて、さまざまの御話に再び涙もいでてしめりがち、御やつなどいただきて、三時いとま申しかへる。

この一か月後の二月二〇日、伊都子はこう書いている。

今日、竹内様へ御使参り満洲の御土産被進《しんぜられ》たるに、此ほど中よりあや子様御不例、やはり池田様へ御出になりてより御風めしインフルエンザなりしよしなれども、もはやよろしとの事、おどろきたり。

「あや子様」とは、旧公家で貴族院議員でもあった竹内惟忠《たけのうちこれただ》子爵（一九〇七年他界）夫人の絢子《あやこ》で、久邇宮朝彦五女であり、一月に亡くなった池田安喜子の妹である。池田家に出かけてインフルエンザに罹ったが、快復したというのである。天皇皇后とも対面する伊都子が葬儀に出なかったのは、それなりのわけがあったのだ。

なお、伊都子が書いた守正の伝記である『宮様の御生ひ立あらまし』には、こうある。

竹内絢子（1872〜 1946） 長男維治（これはる） は 1921 年に他界し、次男の維斌（これあきら）が子爵家を継いだ。

大正九年
一月十九日　池田侯爵と御母安き子様、流感の為御逝去。御姉の御続き合ひ。
二月　牧野茂子同じく流感にて逝去。いつ子の妹。

昨年は弟貞次郎海軍大尉と妻教子も同様。

貞次郎が亡くなったのは、この年の一月であり、前年二月に亡くなったのは貞次郎の妻の教子《みちこ》である。伊都子の記憶に混乱があるが、貞次郎の妻も流感で亡くなっていたのならば、さらなる驚きである。

伊都子は茂子と貞次郎を失った悲しみの和歌も詠んでいた。伊都子の残した『詠草』には、以下のようにある。

牧野茂子、鍋島貞次郎の引つづき流行性感冒にてみまかりければ

なさけなく若きものより世をさりて心淋しくなりはてにけり
いつまでもあきらめがたく常ならぬかぜのさそひしはらからふたり
うちよりて遊びしこぞのしのばるる今日はよになき人と思へば
たらちねの親の心をおしはかりむねもつぶるる心地こそすれ

流行性感冒を

なさけなく人のいのちをうばひゆくことしのかぜのうらめしき哉《かな》
かぎりなき人のなげきをみるものはよにおそろしきはやり風也
ほこりよりちひさき虫にいくばくの人のいのちかうしなひにけむ

集い会う人びと

一九二〇年一月から二月にかけての相次ぐ悲報も、三月以後なくなる。とはいえ、喪中の日々であった。三月三日には「桃の節句なれども当年はかざらず」とある。四日、「故貞次郎の百日祭くり上」、七日、「故あき子様及侯爵五十日祭」と日記はつづく。

三月二六日、前年二月に亡くなった千代浦に代わる新しい老女が見つかった。「かねて老女をさがしゐたるに、萩原竹子【渡仏した時の雇】世話にて、高松の人、蒲生チヨとて目下兵庫県県立女学校副校長して居るなれども、是非かたきところへ御奉公申上度との事にて、先月下旬身元しらべのため宮内省へ届出ありしが、やうやう今日よろしとの事申来りたる故、早速、竹子へ申、当人へ電報にて申遣し、手つづきすみ次第、早く上京するやう申し遣したり」とある。宮家の老女は女学校副校長が「かたきところ」と願う職務だった。宮内省の認可も必要だった。

四月五日、東久邇宮稔彦《なるひこ》が欧州留学するので、霞ヶ関でその晩餐があり出席した。一六日、老女となった蒲生チヨがはじめて宮家に上がり、以後、先代の老女と同じく千代浦と称された。一七日は、女子学習院卒業式で、皇后が行啓し、伊都子も列席した。二〇日、伊都子は守正と、新宿御苑の観桜会に出た。皇后と皇太子も行啓し、三〇〇〇人が参加した。二八日、延期となっていた方子と李垠が結婚。この日、方子は起床後、入浴し、宮家での最後の化粧をした。

五月二〇日、陸軍経理学校卒業式にあたり、守正は天皇の名代として臨席。伊都子は日比谷の赤十字社総会に参列、皇后も行啓した。二五日は愛国婦人会総会が日比谷であり、皇后が行啓、伊都子も参列した。この日午後、延ばしていた守正・伊都子・規子の誕生祝が一緒に催された。「職員一同、女どもも集り、御くじ、王世子両殿下【李垠と方子】、規子も入り、にぎにぎしく」とある。「流行性感冒」による訃報騒ぎも一段落して、久しぶりに開放的な時間を過ごしたのだろう。

翌二三日、守正・伊都子・規子は三人で大磯別邸に日帰りで出かけた。昼はうなぎめしを食べた。二七日、伊都子は慈恵会へ出かけた。皇后も行啓し、李垠妃となった方子もはじめて参加し

観桜会　新宿御苑の観桜会。1922年に来日したイギリス王太子を接待する貞明皇后と摂政裕仁。

た。式のあと、病院を視察し、同所で一同と茶菓を楽しんだ。二八日は常磐会総会、余興や活動があり、新築された会館で式と茶菓があった。伊都子は一〇円寄附した。二九日、芝離宮で皇族講話会があり、田中耕太郎海軍少将から「西比利亜《シベリア》の近況」を聞いた。

三一日午前、イタリアの飛行機が代々木に到着するという話に、伊都子もそれを見物した。「午後一時二十分まちかねし伊機無事代々木に着陸」「万歳の声天地にひびき、一万マイルの長途を飛びこへ来れる勇士、満足何にかたとへん」と書いた。午後は横須賀で戦艦陸奥《むつ》の進水式があり、皇后・皇太子らが行啓、伊都子も守正や宮家の御附武官らと臨席した。

六月五日、購入したばかりの自動車シトロエンを、試運転のため雨の中、大磯を往復させた。九時一〇分にでかけ、五時五分前に無事ついた。「何の故障もなしとの事なりき」と伊都子は書いている。六日、袖ヶ崎（品川区東五反田）の島津忠重公爵邸（現在の清泉女子大学）の園遊会に伊都子は守正・規子と出た。狂言、手品などがあった。「中々多数来会者なりき」とある。

方子と李垠　無事に結婚した二人は、1922年に長男の晋を連れて朝鮮での李朝式の儀式に臨むも、帰国前日に晋が急性消化不良で急逝。毒殺説も流れた。

一三日午後二時、伊都子は守正・規子と鍋島本邸に出かけた。新しく老女となった千代浦もはじめて同道した。新年早々の相つぐ悲しみを慰める意味もあっただろう、直大の六女尚子《ひさこ》の嫁ぎ先である大和郡山の柳沢保承《やすつぐ》伯爵嗣子一家や、亡くなったばかりの三女茂子の嫁ぎ先である越後長岡の牧野忠篤子爵も来るなど、直大の子女とその家族が一堂に会したのだ。日記にはこうある。

> **御やつも上りて後、御庭などあるき、四時過より舞踏室にて、朝鮮総督府にて此度はじめて日鮮ゆう和のため活動写真色々、諸々にてしてみせるよし、今日幸に当家にてさせてくれとの事なりしよしにて、よき折りとて拝見す。夕食事は旧日本館にて、皆々様御一所にいただき、八時五十分帰邸す。**

直大は、孫の方子の結婚祝いの意味ももたせたのだろう。人びとの意識からは「流行性感冒」

柳沢保承（1888～ 1960）**とその一家**　前列左が柳沢保恵（やすとし）伯爵、三番目が保承、右端が尚子。後列真ん中が鍋島栄子。保承は、1914年に京都帝国大学法科大学を卒業、36年に爵位を継ぐ。

の嵐は過ぎ去ったかのようでもあった。伊都子も各種行事に日々、出かけている。

一九日には、常磐会主催音楽会を水交《すいこう》社《しゃ》に聞きに行った。山田耕筰の指揮によるオーケストラ、独唱などがあり、バザーでは扇・団扇・菓子・果物など売っており、伊都子は三二円余を買っている。音楽会の切符は昼が三円、夜が五円であり、伊都子は五〇円寄付した。一九二〇年の小学校教員の初任給は四〇円から五五円だったという。

二五日は、皇后誕生日。伊都子は参内し、立食パーティに出た。その後、「流行性感冒」に関する記事はなく、一〇月三一日の天長祝日では、観兵式に守正が出て、一〇時半に帰宅した。そして、一一時一五分に守正と伊都子は参内して、皇族だけの内宴に列した。

しかし、この年には二度も天皇の病状発表があったこともあり、「例の御宴会御見合せ」とある。

いっぽう、「外務大臣は園遊会」ともあり、この日、外務大臣の内田《うちだ》康哉《やすや》は園遊会をしたようだ。

一一月八日にも、「東伏見宮邸にては外国大公使其他各種の人々を御招、園遊会を催させらる」とあり、この時期、上流社会の人びとは頻繁に交流していたことがわかる

一二月二〇日には、倉富勇三郎が梨本宮邸に来た。王公家軌範案の説明のためであった。李垠のもとに嫁いだ方子の身分や財産にかかわる問題なので、母である伊都子に会いにきたのだ。倉富日記によれば、この日、妻の内子が「感冒咽喉カタル」を起こし、甥の安に予防注射をしたとある。

冬になり「流行性感冒」再燃の兆しがあったのだ。

しかし、伊都子は年末の三一日の日記に「一同無事」であったことを祝し、こう書いた。

朝まだきより雪にて何となく寒く、ことしは終りもまづ事なくすみ、また一とせ重ねんことのなさけなさ、一同無事大正九年も了《おわ》りぬ、夕に御祝膳、御そばなど祝ふ。

「**流行性感冒ゆゑ用心すべし**」

翌一九二一年一月一日、「当年は朝拝なく、けふは終日家に居てにぎにぎしく御雑煮を祝ひ」

とある。天皇の病状悪化のため朝拝が中止になったのだ。五日も、「新年宴会なれども両陛下御留守中に付男だけ、皇太子殿下御名代にてあらせらる」とある。八日の陸軍始観兵式は皇太子を名代として行われた。そして、一月一五日、伊都子は風邪をひいた。

夜、いつ子いかにもゾクゾクしてここちあしく、早く床に入、守妙《もりみよう》をのんでやすむ。夜中三十七度七分あり。

感冒などに効能のある守妙を飲むなど、伊都子は臨機に対応したのだ。さらに、翌一六日、悪化した。

今朝も頭痛する故、其まま床に居り養生す。其後別に熱も上らず、しかし風引たやうでもなく只鼻とのどの中間いたむ。マンドル氏液をぬりシップをし、ガラガラをし、アスピリン〇・四をのみてあたたまる。夕方大によろし。

マンドル氏液は、病気初期の扁桃《へんとう》の炎症を抑える薬である。アスピリンは風邪の解熱などに使われた。これらも伊都子は常備していた。もっとも「風引いたやうでもなく」とあるように、いつもの風邪とは違う症状を感じたのである。一七日も用心のため寝ていた。
そんななか、伊都子は二〇日に牧野茂子の墓所を詣でた。二一日には赤十字社婦人会新年会に臨席した。二二日には鍋島貞次郎の一周年で、平河町の鍋島別邸での祭事に出て、青山の墓所も詣でた。そして二月七日、伊都子はふたたび咽喉を痛めた。「いつ子又々のどいたく、シップしていねる。アスピリン〇・四をのんで」と日記にある。八日から一〇日の日記にはこうある。

二時ころ悪感【寒】してここちあしく、直に床をとりて寝る。三十七度七分あり。時節柄故、直に村地に電話をかけたるに四時ころ来り、みてもらふ。今のところ一寸した風のやうなれども用心するやうにとて、薬をくれてかへる。夜は八度三分に上る(2・8)。

午前中に村地来り気管支カタルをおこし、流行性感冒ゆへ用心すべしとの事、食慾なし(2・9)。

同様ここちあしく、午前中村地来り。胸部のシップは昨日よりつづけたれどもいまだゆだん出来ず、注意してかへる。同じく食慾なし(2・10)。

この間、伊都子はこまめに体温を測り、健康管理につとめた。一二日、発汗があった。「朝、目ざむるころ非常なる発汗にて、皆取かへなどす。大にここちよし」とある。

一三日、「食欲少々出たれどもガスばかりして何となくここちあし、あたたむ」。一四日、「大差なく熱も三十六度五分にて同じこと、村地も伺はず」。一五日、「けふも同様六度五分にて同じこと、村地いまだこず、室内あたたかきところならばそろそろ出かけでもよろしとの事故、御ろうかなど運動す」。一六日、「同じく変化なし、午前十時ころ村地伺ひ最早大丈夫、ただ気管支のさきに一寸音あしく注意すべしとの事にて、けふはあやにく寒く雨さへ降出ければ、御気まかせにて御床はらひありてよろしとの事。午後床をそのままにして、入浴してあたたかく床に入り、あたたまる。別にことなく、三十六度六分にて変化なし」。一七日、「天気よく長閑にて春のやう。けふより床はらひしてことなし。入浴もいつもの如くし、いとあたたかく六十三度もあり」と、順調に回復した。「六十三度」は華氏であり、摂氏では一七・二度になる。

初期の対応がよかったのか、毎年のように風邪をひいていて抗体ができていたのか、無事に回復した。伊都子は夫や娘二人の看護もしながら、みずからも感染したスペイン風邪の時代を乗り越えたのである。

父の死

一九二一年三月三日、皇太子裕仁《ひろひと》は欧州旅行に出発した。世界的な感冒流行の再燃も危惧されるなか、皇位継承者第一位の皇太子が半年、海外にいた。大正天皇の病気悪化のため、次期天皇としての教育の意味もあったが、感冒感染の危険という意味では、無謀な決断ともいえた。しかし、当時、そうした立場からの反対意見はなかった。

皇太子がシンガポールに寄港中の三月二〇日、永田町の鍋島本邸から伊都子のもとへ使いが来た。「御父上様は鼻血つよく御不例、気管支よりも出血ありとの事、おどろきたり」と伊都子は日記に書いた。父の直大《なおひろ》が気管支からも出血したというのである。翌日、伊都子は鍋島本邸に見舞いに行く。「其後は安静にてまづまづ御よろし、気管のほころび、胸部は何の異状なしとの事にて安心す」とあり、快方の兆しをみせていた。

六月二日になって、伊都子は電話で容体を聞いた。「御熱又々上り八度あり、しかし御わるいといふほどにてもあらずとの事」と、病気は長引いた。三日、心配になった伊都子は、鍋島本邸に見舞いに行った。「けふは御熱も下り御気分もよろしきよし、安心す。御目なぐさみに金魚を大きな角形グラスへ入れて御《ご》らんに入《いれ》、大へん御気に入りたり」と、病床の父と、病を気づかう娘の細やかなやりとりが日記にある。

六月一一日、京都から帰京中の午前四時過、沼津駅で電報を受け取った。「何事ならんとみれば、ナベシマコウシヤクヨウダイヨロシカラズとの事、いかがならんと気づかはれ、八時東京駅へつくや、いそぎ自動車をはしらせ鍋島家へ直にいたり、いつ子だけ上りて御見舞申」とある。

そして、日記はこうつづく。

父上様は昨夜より御容体かわり御熱等も高く、もうろうとして重体、しかしいつ子がかへりし事申せしにア〜と仰せられたり。かく四五日間にてやつれ給ひしかと、みるから涙をもようせり。

直大と伊都子の強い絆が伝わる記事である。以後、連日、直大の容体の記事がつづき、六月一八日午前二時過ぎ、直大は亡くなった。日記にこうある。

二時十分になるや、消ゆるがごとく御脈はたえたる故、御母様をはじめ一同末期《まつご》の水を御口にすすめ参らせ、消ゆるがごとく二時二十分薨去《こうきょ》あそばさる。ア、何たる悲《かな》しみぞや、長き病につかれ給ひ、出来得るかぎりの手をつくし、御心尽しのかひもなく、一同にまもられながら此世を終り給ひぬ。

八月二七日、直大の遺産や遺品が分けられ、伊都子は「五千円いただく」とある。皇太子が欧州より帰国したのは、この一週間後の九月三日であった。

伊都子は日々書いた日記のほかにも、重要な事項については、『永代日記』という小冊子に、より詳細に書いている。直大の死は、伊都子には最大級の事件であり、とりわけ克明に綴られた。

まず「大正十年六月十八日　◎侯爵鍋島直大薨去」として、冒頭に「×」をつけて、病気の経緯を以下のように書いた。

×去る三月十九日、俄然鼻血多量並に気管支カタルにかかり臥床《がしょう》安静に御療養経過良好にて、四月も過五月に到りて御食慾減少御熱も上りたる故、案じ申せしに三日ごろより黄疸《おうだん》を発せられたり、次第に御食気なく御衰弱加はる、五月下旬疸【胆】嚢の所にある腫物《はれもの》のあるを発見す、しかし少の御いたみなくますます黄疸ははげしくなるのみ

直大は気管支カタルに罹《かか》ってから黄疸となったとある。スペイン風邪による合併症かどうかは不明であり、当時の新聞は直大の死因を腎臓病として発表している。直大は弘化三年（一八四六）生まれで七五歳であった。その死因をスペイン風邪と断定しがたいものがあるが、伊都子にとっては、最愛の父の死であることに変わりはなかった。記事はさらにつづく。

出来得るかぎりの御手あて申つつあれども其効少しも現はれず、一回枕頭に集りて御心配且つ御看護中、六月十日夕刻より重体にならせられ、少しくボーとならせ言語も時々前後し夢もまじりて御話わからず、伊都子等も終日或は夜も家にかへらず御身辺をはなれず、どうか

して御快方にとのみ祈りつつ五日を過す

一四日ごろ、主治医の入沢達吉（宮内省御用掛）も小首をかたむけて「どうも危険イツ何時急変がをこらぬともわからぬ」と述べた。「御衰弱は日に加はる、食欲はなし、実にこまるとの事、御熱も三十六度の時もあり三十九度以上に上る日もあり　御脈も八十七八より百〇六を上下し時々結代《けったい》【不整脈】あり、血圧は九二位（七〇に降ればのぞみなし）日々只召上りて少しにても御身体を快復させんとつとむれども何も召上らず、十六日夕より滋養注腸を上り、初めは半分程吸収せしが後全部出でて効なし、或は食塩注腸もなし」と、『永代日記』にある。

このころ、直大は雅楽を聞きたいと述べたので、蓄音機で聞かせると、「うれしげに御笑ひになり御悦なり故、そして東儀【民四郎】を呼んでくれとの事故《ことゆえ》」、ただちに宮内省式部職楽部雅楽師の東儀を呼びにいった。東儀は午後早々やってきて、「病床にて長らく何事か語らせられたり」とある。

さらに、伊都子は直大臨終までのようすを、ていねいに書きとどめた。

晩年の直大　晩年の直大は体調を崩していた。スペイン風邪で悪化した可能性がある。

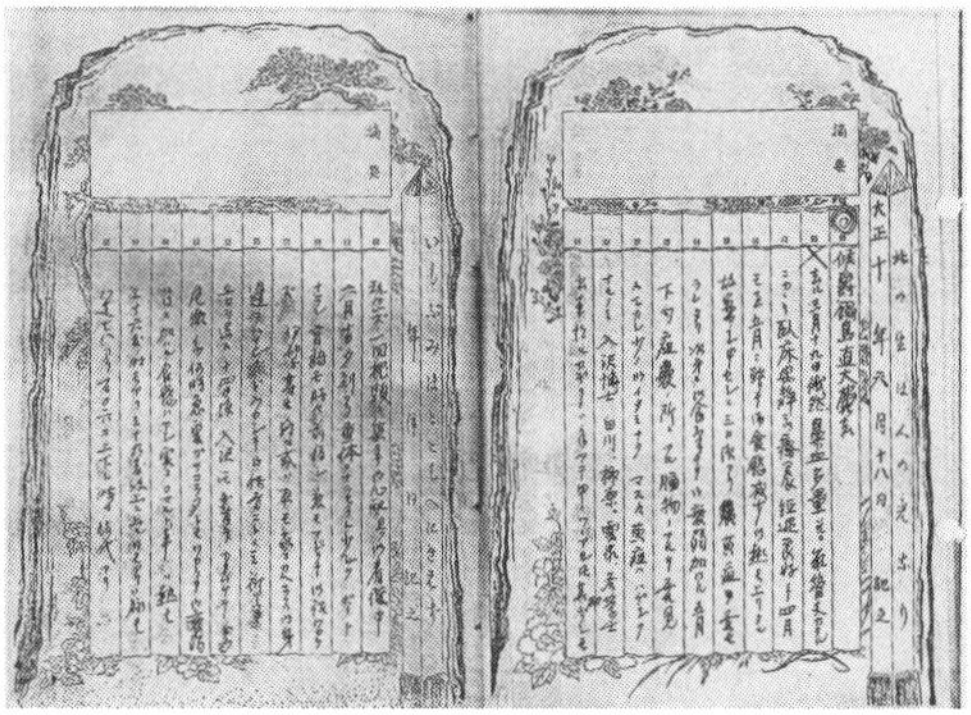

永代日記　伊都子は、日々の日記とは別に、1892年の明治天皇の鍋島邸訪問から、1943年の東久邇宮盛厚と成子（しげこ）内親王の結婚まで、皇室に関わる重要記事を書き残している。

これ程に楽をお悦びになる事故、皆々様とはかり、東儀にたのみて雅楽所の人々に申して楽を御きかせ申たらんとの事にたのみし所、直に受合、翌日午前中に五名参り（琵琶は御父上様御秘蔵品をひき、箏、こと、ひちりき、笛、太鼓）楽を奏せしに今迄うつつの様に遊ばせしが御眼をあけいかにも嬉しげに手拍子とつてよろこばれたり、其御心根有様をみるにつけ思はず涙の出るをとどめあへず皆々すすりなきせり。あまり長くとも悪しからんと三つにて止めたり、其午後より非常元気にて続きに種々なる話をなし笑ふやら一方《ひとかた》ならぬ御元気なり。夕、又々東儀をよべとの事故よびしに来り。又々御話これにてよしとの事。其翌日よりほとんど眠りつづけ、呼べどさけべど御答なく次第々に衰弱加はるのみ。
十七日午後九時過非常に強き御咳《せ》き出たるにドッと御つかれ出、御急変、脈は弱く御手足は冷え血あつは五〇以下に降りたる故、湯タンポを御足に入れカンフルと【空欄】の注射を上、

さん素吸入を上げ色々御手あての末、まづ呼吸ももどりたれども非常に危険なる有様故、御親族方へ急報す。十二時頃、大てい御集りになる。十二時、稲田【龍吉・宮内省御用掛】博士(入沢留守に付)来診、もはやのぞみなしとの事いかんともせん方なく、只此度は少しにても御くるしみ等なき様にとそれのみ祈る。三十分毎《ごと》に御脈呼吸等計《はか》るに次第々弱く一同は御枕辺に集ひたり。

十八日、午前二時十分心臓の呼【鼓】動は全く止みたるに付皆悲みの内に御口を水にてたらし参らせ最後御別れを申、二時二十分消ゆるが如く呼吸もやみ全く眠るが如く薨去あらせらる。ア… 悲しきことよ。五時頃、御身体も清められ、一同御拝をなし一《ひ》ト先《ま》づ帰邸す。

雅楽を統轄する式部長官も務めた直大の、面目躍如たる最期でもあった。この直大の死の二か月後の八月一八日、方子が分娩、男子を出産した。晋となづけられた。直大の曾孫にあたる。しかし、この晋ものちに八か月で急逝してしまう。スペイン風邪の流行った時期、伊都子は夫と二人の娘を失うことはなかったが、弟や妹、そして父と孫をつぎつぎと失ったのである。

直大亡き後、伊都子は父を悼む挽歌を何首か詠んだ。一九二一年、亡くなったその年、「大正十　をりにふれて」として、こうある。

をりをりはなき父君を夢にみてむねおどろかす夜は【夜半】も有けり

また「大正十一　をりにふれて」の詞書で、父と初孫の晋を詠んだ。

こぞは父ことしはまごをうしなひて心淋しくよを過す也

その後、直大の追悼歌会が催され「夏月　故父上追とふ歌会」として、二首詠んだ。

ちち君とこの秋むろにすずみつつ月みし夏もゆめと過ぎにき

高どのにさしいる月はかはらねど父のみかげのなきぞかなしき

さらに一九二四年六月一八日には、三周年祭が永田町の鍋島邸で催された。明治天皇・昭憲皇太后が行幸啓した西洋館は、前年九月一日の関東大震災で焼失していた。日記にはこうある。

小雨。故父上様三周年祭に付、午前九時御墓所祭に参る。一度帰りて方子とともにやすみ、さらに十一時出門、両人と方子と一所に永田町の霊前祭へ行。

焼あとにて何もなくほんの新館の二階にて休息し後、立食あり。一時過かへる。

午後二時半規子は学校のかへりに御墓へおまいりに行。


そして日記上欄には、「御墓所へ榊一対　御霊前に鏡餅、御菓子　侯爵家へ御菓子一折」とある。

伊都子はこの三周年祭で、「父上の三とせのみまつりに参りて」の詞書で、四首詠んだ。

おくつきもややこけむして夢のまにみとせの夏と今日はなりにき
しとしとと降るさみだれに一しほの思ひで深き心ちせられぬ
父まさばなげきますらん大なゐにほまれもふかきみいへなくして
夢のまに三とせは過て小雨ふるみたままつりの今日はかなしき

一首目「おくつき」は「奥つ城」で墓所。三首目「大なゐ」は「大地震」で関東大震災のこと。

スペイン風邪の時代に、弟や妹、そして父や初孫を亡くし、関東大震災で実家を焼失した伊都子は、昭和のさらなる激動を生きるのである。

おわりに

百年前のパンデミックとされるスペイン風邪は、不思議な風邪である。当時、「流行性感冒」といわれながら、その流行がいつはじまり、いつ終わったのか、明確にできない。

内務省の分析では、一九一八年八月から一九年七月までが第一期、一九年一〇月から二〇年七月までが第二期、二〇年八月から二一年七月までが第三期とされる（速水氏の分析では、内務省の第三期は流行期としては除外されている）。しかし、この時期の風邪がすべてスペイン風邪であったのかどうか、医学的に説明しがたいのではないだろうか。反対に、この時期以外の風邪がスペイン風邪ではないという説明もしがたいはずだ。

本書の表1から表5にまとめたように、伊都子《いつこ》の日記を見ても、第一期の前にすでに伊都子は「流行性感冒」、千代浦《ちようら》は「インフルエンザ」と診断されていた。しかも仙石素子《せんごくもとこ》は発熱で急逝している。また、第三期のあとにも、守正《もりまさ》が風邪をひき、梨本宮家侍女の長田いさが発熱している。前田家老女のすずは急性肺炎で死去したし、さらに一九二三年二月のことになるが、皇族の有栖川宮董子《ただこ》が肺炎で死去している。董子の死は、時期が流行後だし、六八歳という高齢だからなのだろう、スペイン風邪とはみなされていないが、医学的にはどうなのだろうか。

じつは、スペイン風邪流行時期の『貞明《ていめい》皇后実録』には、大山捨松《おおやますてまつ》・竹田宮恒久《たけだのみやつねひさ》・雍仁《やすひと》（のちの秩父宮）・池田安喜子ら、スペイン風邪感染者の病状や訃報が書かれている。そして一九二〇年一二月六日、貞明皇后自身が風邪をひいて一九日まで床についた。この一三日間の風邪が、スペイン風邪なのか、違う感冒なのかは、明記されていない。

そもそもスペイン風邪の病原体は、当時は明らかになっていなかった。病原体が明らかになっていないため、その予防法も、治療法も、じつは根拠がないものだった。それぞれの医師や医療機関が独自の判断に基づき、懸命の対応をしたというのが実情だった。内務省は、北里研究所や帝国伝染病研究所が日夜尽力して製造したワクチンを、効果がなかったとしている。ほかの医療機関の治療は、従来の風邪の予防と治療の範囲だった。

大山捨松（1860～1919）　陸軍元帥大山巌の妻。米国留学経験を経て、女子教育などに尽力。スペイン風邪が誘因で亡くなった。

たしかに、一九一八年一〇月二五日

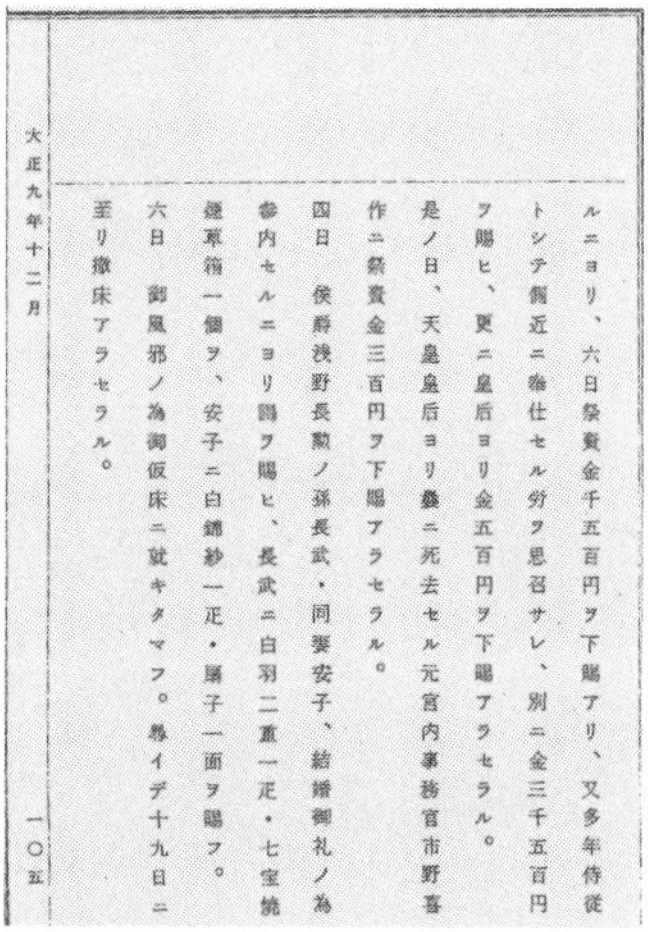
ルニヨリ、六日祭資金千五百円ヲ下賜アリ、又多年侍従トシテ側近ニ奉仕セル労ヲ思召サレ、別ニ金三千五百円ヲ賜ヒ、更ニ皇后ヨリ金五百円ヲ下賜アラセラル。
是ノ日、天皇皇后ヨリ曩ニ死去セル元宮内事務官市野喜作ニ祭資金三百円ヲ下賜アラセラル。
四日　侯爵浅野長勲ノ孫長武・同妻安子、結婚御礼ノ為参内セルニヨリ謁ヲ賜ヒ、長武ニ白羽二重一疋・七宝焼煙草箱一個ヲ、安子ニ白錦紗一疋・扇子一面ヲ賜フ。
六日　御風邪ノ為御仮床ニ就キタマフ。尋イデ十九日ニ至リ撤床アラセラル。

大正九年十二月　一〇五

『貞明皇后実録』 宮内庁編の全52巻。貞明皇后の一生を1884年6月25日の誕生から、1951年の葬儀と翌年の1周年までを編年体で記した。

付けの『朝日新聞』は、「患者に近寄るな　咳などの飛沫から伝染　今が西班牙風邪の絶頂」の見出しを掲げ、その恐ろしさを警告している。さらに二七日付では「学習院の運動会中止　各宮方の御身を気遣ひ」とあり、皇族への感染を配慮して、運動会を中止したことがわかる。

この後、一時終息したかにみえたスペイン風邪は、一九二〇年一月にさらなる猛威をふるい、同年一月一一日付の『朝日新聞』は、「この恐ろしき死亡率を見よ　流感の恐怖時代襲来す　咳一つ出ても外出するな」と事態の深刻さを伝えた。この月の死亡者は五万五千人を超え、翌月も三万八千人を超えた。この二か月で九万人以上が死亡したのである。日本でのスペイン風邪総死者四五万人の二〇パーセントがこの二か月に集中したのであった。こうした従来の風邪では想像できない異常事態であることは、当時の多くの人びとが実感していた。それでも「悪性の感冒」という認識の枠を出ることはなかった。

さらに不思議なことに、そんな猛威を振るった「悪性の感冒」が突如、消えてしまったのだ。病原体も治療法もわからぬまま、流行自体が収まってしまった。この自然消滅が、ある意味、猛威を振るったスペイン風邪が人びとの記憶に残らなかった理由のひとつかもしれない。一説によれば、世界中の人類がすべて感染して抗体を持ったため、終息したともいわれる。全人類の感染が終息の前提というのは、恐ろしい話である。もし根拠がある説ならば、新型コロナも全人類が感染して抗体を持った者だけが生き残るという非情な結末となる。自粛などしても意味がないともいえる。しかし、この説を鵜呑《うの》みにして、皆が感染するわけにもいくまい。

スペイン風邪流行後に起きた一九二三年九月一日の関東大震災によるインパクトの大きさも、スペイン風邪の猛威を忘れさせたのかもしれない。九月一日は今でも防災の日となって、全国民が防災訓練などを行っている。死者の総数は関東大震災が約十万人、スペイン風邪が四五万人である。数日間の出来事の震災と、数年にわたった感冒とでは、死者数の多寡で単純に比較することはできないが、歴史に残った記憶の深さを思うと、その違いの大きさに驚かされる。

津波や洪水などの自然災害への対応にも、健忘症のところがあった。近年は水害の防止のために堤防工事などが進められてはいるが、古文書などには過去の自然災害の惨禍が縷々《るる》綴られており、人びとはその歴史を忘れてきていたことをようやく自覚しはじめたのが実情だろう。それでも異常気象による水害などには未だに対応できていない。伝染病や自然災害という、生存するためにいちばん重要視されるべき問題が、記憶されずにきたことの意味はなんなのか、社会が今まで築いてきた人間としての価値観のあり方から解明すべきものがあるのではないか。

また、スペイン風邪はその発生の日時も、終息の日時も明確にはできない。四年ものあいだつづいたので、いわゆる「記念日」のようなものを設定し、モニュメントを建てることもむずかしい。とはいえ、人びとの記憶から消えた理由は、それだけではないだろう。

日本に限れば、その後の日本は第二次世界大戦とその敗戦、そして復興の時代を送ってきた。人びとは日々の生活に追われ、経済的繁栄が大きな目標となった。経済成長を促す政治・外交・軍事などが重視され、現実の日常社会のみならず、過去を記憶する歴史の世界でも、そうした経済・政治・外交・軍事にかかわる問題が重視されてきた。そのため、伝染病や自然災害の研究への熱意やニーズは、経済・政治・外交・軍事ほど高まらなかった。

こうして長い年月が過ぎ、想定外の洪水や異常気象に人びとは動揺した。異常気象は温暖化が原因と感じつつ、今までの暮らしを変えられないでいる。むしろ熱中症防止にクーラー使用が推奨されるようになった。

そうしたなか、突然のパンデミックに人びとはさらに動揺した。そして百年前のパンデミックであるスペイン風邪への関心が高まった。しかしスペイン風邪そのものへの研究も未だ十分ではなく、今回のコロナ問題の解決にどこまで活用できるかは、心もとないのが現状だ。

ただ、現在のコロナ問題へ投げかけることができるであろういくつかの教訓をあげれば、第一にスペイン風邪は自然消滅してしまったが、新型コロナにそれを望むのは、むずかしいだろうということだ。少なくとも、自然消滅を願う「神風頼み」は、楽観的すぎる期待と思うべきだ。マスク配布も、三密禁止も、GoTo政策も、それぞれに理由があったろうが、治療薬の開発が最大優先事項であることを忘れるべきではない。「コロナに勝った証としてのオリンピック」はスローガンとしては勇気づけられるが、治療薬の開発なしにオリンピックは開催しえない。いままで投資した資金の回収や、政権の長年の願いだった憲法改正への布石も、治療薬が開発されてからのちの問題であり、優先順位を間違えてはいけまい。

第二にスペイン風邪は自然消滅したとはいえ、四年もつづいた。まだ治療法も確立していない新型コロナはまだ一年も経っていない。新型コロナの「第二波」という表現が聞かれるが、スペイン風邪の「第二波」は一年以上も後のことであった。このままでは新型コロナは「第三波」「第四波」とつづくかもしれない。

第三に、スペイン風邪はおもに冬季に蔓延《まんえん》した。しかし新型コロナは夏場にも死者を増やしている。同種の病原体ではないし、病状ではないようだ。人類の叡智を結集して、医学的な解決の道を築かなければ、いつまでも新型コロナの蔓延はつづくだろう。諸国が感染の責任をなすりつけたり、内政や外交をこじらせたりしている場合ではない。

第四に、現在、新型コロナにより皇室の活動は停滞している。天皇の公務の宮中行事は縮小されながらもなされているが、行幸や被災地慰問などの外出はできなくなっている。戦没者追悼式は開かれたが、参列者は一割以下に減った。戦争体験世代の減少にさらに拍車をかけて、過去の戦争への慰霊も先細りになっていく危険がある。

かつての皇室は「雲上人」と称され、一般国民から隔たった世界と空間にあることが当然であった。そうした立場もあったのだろう、スペイン風邪流行当時も、新年行事や観桜会など皇室がかかわる行事はおおむね予定どおり行われた。さすがに流行のピークの時期とされる一九二〇年一月八日の陸軍始観兵式は中止となった。『大正天皇実録』には、「陸軍始なるも感冒流行により観兵式行幸を止めさせられる」とある。また『昭和天皇実録』にも、天皇が臨御《りんぎょ》の際、皇太子が乗馬で供奉《ぐぶ》する予定であったが、「感冒流行の理由をもって」天皇が臨御しないので中止となったとある。

しかし『昭和天皇実録』によれば、同年三月の皇太子の九州行啓では、「各停車駅における有資格者への賜謁《しえつ》、通過駅・沿線・沿道等の奉迎者への御会釈《えしやく》は常の如し」とあるように、行啓中、感冒を理由とした中止・延期・縮小などはなかった。宮崎では灯籠流し・打上花火・仕掛花火を見たし、熊本では渡鹿《とろく》練兵場で第六師団の赤白軍対抗による軍事演習も見ている。皇室と国民との距離が、現在よりも離れていた時代ではあるが、スペイン風邪流行の時代に、感冒を理由に皇室の活動が停滞した事例はかなり限られていたのである。

しかし、戦後の象徴天皇制の時代の皇室は、国民とともに歩み、国民と接していくことが重視されてきた。このため、皇族が一般国民から直接感染する確率も高まっているだろう。また、天皇をふくめて七五名いた戦前の皇室とくらべ、現在は一八名であり、感染へ過剰な警戒心が生まれるのもうなづける。しかし、「雲上人」であった時代と異なり、現代の皇室は一般国民との触れ合いがその存在の根源ともなっている。一般国民との触れ合いが重視される皇室が、一般国民と触れ合えなくなったことの危機は大きい。その意味で、皇室にとって、新型コロナはかつてのスペイン風邪以上の脅威なのだ。

なお、本書執筆にあたり、東京新聞編集局編集委員の吉原康和氏、読売新聞社社会部の小野沢記秀氏、毎日新聞社社会部の和田武士氏、産経新聞社社会部編集委員の川瀬弘至氏のご助言やご支援を得た。また、当時の大磯町の地図作成をはじめとする諸情報について、大磯町郷土資料館および同館の富田三紗子氏のご協力を得た。お礼申し上げます。

二〇二〇年九月

小田部雄次

参考文献一覧

＊梨本伊都子直筆資料
・『梨本伊都子日記』
・『永代日記』
・『大磯日記』
・『宮様の御生ひ立あらまし』
・『詠草』

＊梨本伊都子関係文献
・梨本伊都子『三代の天皇と私』講談社　一九七五年
・小田部雄次『梨本宮伊都子妃の日記』小学館　一九九一年

＊宮中関係資料・文献
・宮内省図書寮編修、岩壁義光補訂『大正天皇実録』増補版第五　ゆまに書房　二〇二〇年
・宮内庁編『貞明皇后実録』巻十九～巻二十一
・宮内庁編『昭和天皇実録』第二　東京書籍　二〇一五年
・鈴木昌鑑監修、芦澤紀之編纂『秩父宮雍仁親王』秩父宮を偲ぶ会　一九七〇年
・秩父宮家『雍仁親王実紀』吉川弘文館　一九七二年
・竹田恒徳『菊と星と五輪　皇族からスポーツ大使へ』ベースボール・マガジン社　一九七七年（のち『私の肖像』恒文社　一九八五年と改題）。
・倉富勇三郎日記研究会『倉富勇三郎日記』第一巻　国書刊行会　二〇一〇年

・原奎一郎編『原敬日記』第五巻　福村出版　一九六五年
・四竃孝輔『侍従武官日記』芙蓉書房　一九八〇年

＊スペイン風邪関係
・内務省衛生局編『流行性感冒「スペイン風邪」大流行の記録』吉川弘文館　二〇〇八年　東洋文庫七七八
・速水融、小嶋美代子『大正デモグラフィ』文藝春秋　二〇〇四年
・速水融『日本を襲ったスペイン・インフルエンザ　人類とウイルスの第一次世界戦争』藤原書店二〇〇六年
・三浦紀彦『一医学者の生活をめぐる回想　名誉教授三浦謹之助の生涯』医歯薬出版　一九五五年
・林栄子『近代医学の先駆者　三浦謹之助　明治天皇・大正天皇のお医者さん』叢文社　二〇一一年
・豊倉康夫「フォン・エコノモと嗜眠性脳炎」(『神経研究の進歩』十一巻三号　医学書院　一九六七年)
・山内一也「インフルエンザウイルスを最初に発見した日本人科学者」(『科学』二〇一一年八月号)
・小田部雄次「皇族妃の日記にみるスペイン風邪の惨禍」(『FACTA』二〇二〇年九月号)

＊大磯町関係
・鈴木昇『大磯の今昔（八）』一九九八年
・大磯町助役・小見忠滋『日誌』
・『横浜貿易新報』
・中地方事務所『中郡勢誌』中地方事務所　一九五三年三月三一日

百年前のパンデミックと皇室
梨本宮伊都子妃の見たスペイン風邪

2020 年 10 月 25 日　　第 1 版第 1 刷発行

著　者　　　小田部 雄次
発行者　　　柳町 敬直
発行所　　　株式会社 敬文舎
〒 160-0023　東京都新宿区西新宿 3-3-23
ファミール西新宿 405 号
電話　03-6302-0699（編集・販売）
URL　http://k-bun.co.jp
印刷・製本　　中央精版印刷株式会社

造本には十分注意をしておりますが、万一、乱丁、落丁本などがございましたら、小社宛てにお送りください。送料小社負担にてお取替えいたします。

Printed in Japan ISBN978-4-906822-57-7